Michaela Bergmann

Materialien und Kopiervorlagen
zur Klassenlektüre

Bettina Eikemeier

Zu den Römern und zurück

Eine abenteuerliche Zeitreise

Hase und Igel®

Inhalt

80797 München, service@hase-und-igel.de
www.hase-und-igel.de
Lektorat: Mira Fischer
Satz: Appel Grafik München GmbH
Illustrationen: Karin Lindermann (aus der Lektüre), Johann Brandstetter (S. 7 und S. 24) und Wulf Hein (S. 38)
Abbildungen auf S. 8, S. 9, S. 26 und S. 28 mit freundlicher Genehmigung des Römischen Freilichtmuseums Hechingen-Stein
Druck: Joh. Walch GmbH & Co. KG, Im Gries 6,
86179 Augsburg, kontakt@walchdruck.de

ISBN 978-3-86760-540-3
3. Auflage 2025

Das Buch

Die Zeit der alten Römer übt auf Grundschüler eine besondere Faszination aus. In diesem Buch erfahren sie anschaulich vom Alltag auf einem römischen Gutshof im heutigen Südwestdeutschland. Gemeinsam mit der Hauptfigur Hannah begeben sie sich auf ein spannendes Abenteuer in der Antike.
Von ihrer Ururoma hat die elfjährige Hannah eine außergewöhnliche Fähigkeit geerbt: Sie kann in die Vergangenheit reisen. Auf einem Klassenausflug zur Villa Rustica in Hechingen-Stein begegnet sie einem seltsamen Jungen – und landet plötzlich in der Zeit, als die Römer Baden-Württemberg besiedelten. Es stellt sich heraus, dass es sich bei ihrem Begleiter um einen echten Römer und den Sohn des Gutsherrn handelt. Cicero nimmt das Mädchen mit auf den Hof. Einerseits fasziniert es Hannah, sich in der für sie fremden Welt umzusehen. Andererseits fragt sie sich, wie sie wieder nach Hause kommen soll. Dann findet sie heraus, dass Ciceros Schwester von feindlichen Alemannen entführt wurde. Sie ist überzeugt, dass sie die Familie wieder zusammenbringen muss, bevor sie in die Gegenwart zurückkehren kann.

Hannah nimmt Ihre Schüler mit auf eine erlebnisreiche Reise in das von Römern besiedelte Südwestdeutschland vor ungefähr 1750 Jahren. Dabei lernen sie die Lebenswelt römischer Kinder kennen und erfahren Wesentliches über Alltag und Kultur. So entsteht ein lebendiger Eindruck vom antiken Rom.

Die Lektüre eignet sich für den Einsatz in der dritten und vierten Jahrgangsstufe. Die sympathische Art und die authentische Sprache der Ich-Erzählerin lassen die jungen Leser unvermittelt an ihrem Abenteuer in der Römerzeit teilhaben. Darüber hinaus bietet das Buch viele Anknüpfungspunkte für eine altersgerechte Auseinandersetzung mit dem Themenkreis „altes Rom“.

Das Material

Das vorliegende Material gliedert sich in einen didaktischen Teil (bis S. 17) und daran anschließende Kopiervorlagen. Im Lehrerteil finden sich zu jedem Abschnitt neben einer Zusammenfassung der hier behandelten Kapitel Gesprächs- und Schreibanlässe zu den Themen des Buches, Anmerkungen und Lösungen zu den Arbeitsblättern sowie weiterführende Anregungen für die Unterrichtsgestaltung.

Die Kopiervorlagen im zweiten Teil sind für die Hand der Schüler gedacht und können weitgehend selbstständig bearbeitet werden. Sie bieten zum einen Aufgaben zum Handlungsverlauf der Geschichte, mit deren Hilfe die Kinder ihr Textverständnis überprüfen können. Zum anderen vermitteln sie Informationen zum Leben der alten Römer. So erwerben die Schüler Wissen über die Kindheit und das Schulsystem in römischer Zeit, lernen Götter, Essgewohnheiten und Redewendungen kennen und befassen sich mit der römischen Provinz Obergermanien.

Ein besonderes Augenmerk liegt auf dem Schauplatz der Handlung, der Villa Rustica in Hechingen-Stein. Dort befindet sich heute ein Freilichtmuseum auf den Grundmauern eines römischen Gutshofs aus dem ersten Jahrhundert nach Christus. Mehrere Kopiervorlagen beschäftigen sich mit der Geschichte der Anlage, die nicht nur durch einen Besuch erfahrbar ist, sondern auch medial sehr gut vermittelt werden kann. Das Museum stellt auf seiner Homepage anschauliche Materialien zur Verfügung, auf die im vorliegenden Band an geeigneter Stelle zurückgegriffen wird.

Methodisch sind die Schüler oft gefordert, sich mit einem Partner oder in der Gruppe über Ideen und Arbeitsergebnisse auszutauschen. Außerdem erproben sie grundlegende Recherchetechniken, die im Verlauf der Sequenz immer wieder geübt und vertieft werden können, z. B. das Nachschlagen in Sachbüchern, die Internetrecherche und die Befragung von Experten. Indem die Kinder die Ergebnisse ihres Rechercheprozesses visualisieren und präsentieren, lernen sie, sich selbstständig mit einem Thema auseinanderzusetzen, und erweitern somit ihre Methoden- und Sachkompetenz.

Jede Kopiervorlage ist mit einer Symbolleiste versehen, die auf einen Blick deutlich macht, welche Arbeitstechniken angewendet werden:

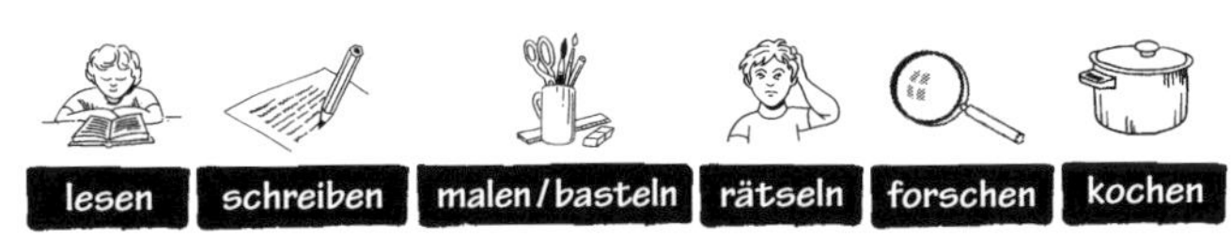

Viel Freude beim Arbeiten mit dem Material und eine spannende Reise in die römische Vergangenheit wünscht Ihnen und Ihren Schülern

Michaela Bergmann

Vor der Lektüre

Grundschüler sind meist leicht für geschichtliche Themen zu begeistern. Damit sie die historischen Fakten aufnehmen, verarbeiten und in ihr vorhandenes Wissen integrieren können, ist es wichtig, Bezüge zu ihrer Lebenswelt und zu konkreten Zeugnissen in der Gegenwart herzustellen und die Geschichte so für sie erfahrbar zu machen. Dieses Anliegen lässt sich auf unterschiedliche Weise umsetzen.

An vielen Orten in Süddeutschland kann man die Spuren römischer Besiedlung noch deutlich sehen. Eine unmittelbare Begegnung ist ein toller Einstieg in die Beschäftigung mit der Römerzeit. In Regensburg gibt es zum Beispiel Stadtführungen für Kinder. Das Historische Museum bietet ein spezielles museumspädagogisches Programm an, um Schülern einen Zugang zur römischen Vergangenheit vor Ort zu eröffnen.

Spuren römischer Geschichte findet man aber nicht nur in Städten wie Regensburg, Augsburg und Kempten, sondern zum Beispiel auch in unserer Sprache. Ob Birne, Tisch, Radieschen oder Karren – all diese Wörter haben ihre Wurzeln im Lateinischen und werden unter Verwendung der lateinischen Buchstaben geschrieben. Die römischen Zahlen entdeckt man heute noch auf manchem Ziffernblatt und unser moderner Kalender geht ursprünglich auf Julius Caesar zurück. So lassen sich zahlreiche Bezüge zum Römischen Reich herstellen.

Über die alten Römer gibt es umfangreiche Sachliteratur für Kinder. Viele Bibliotheken stellen für Schulen themenbezogene Bücherkisten zusammen, die dann einige Zeit im Klassenzimmer verbleiben können. Die Arbeit mit einer Bücherkiste ist sicher auch bei der Beschäftigung mit dem vorliegenden Roman hilfreich, da die Schüler im Verlauf der Unterrichtssequenz immer wieder einzelne Fakten recherchieren und eigenständig Informationen zusammentragen sollen. Um auf Materialien des Freilichtmuseums Hechingen-Stein zurückgreifen zu können und die entsprechenden Kopiervorlagen zu bearbeiten, ist außerdem ein Internetzugang erforderlich.

Im Allgemeinen ist es empfehlenswert, geschichtliche Ereignisse in einen chronologischen Zusammenhang zu setzen. Für Grundschüler sollte diese Einordnung visualisiert werden. Besonders gut eignet sich dafür eine Zeitleiste, wie sie die Kinder mithilfe der ersten beiden Kopiervorlagen basteln.

Hinweise zu den Kopiervorlagen

Zeitleiste

Eine Zeitleiste ist ein gutes Hilfsmittel, um historische Abschnitte zu visualisieren und den Schülern damit die chronologische Einordnung von geschichtlichen Ereignissen zu erleichtern. Die beiden Kopiervorlagen bieten die Möglichkeit, eine solche Zeitleiste zu basteln und im Klassenzimmer auszustellen. Ziel der Einheit ist es, dass die Kinder eigene Plakate anfertigen, wodurch sie sich ihr Wissen selbstständig aneignen.

Hierfür benötigen die Schüler zusätzlich zum Zeitstrahl (S. 18) je einen DIN-A3-Bogen Tonpapier, auf den sie ihre Zeitleiste kleben. Über und unter der Leiste zeichnen sie an entsprechender Stelle kleine Bilder und Symbole vorgegebener geschichtlicher Ereignisse ein. Auch Beschriftungen sind möglich. Außerdem recherchieren sie selbstständig die Daten weiterer Geschehnisse und integrieren diese in ihr Lernplakat. Sollten noch keine Vorkenntnisse hinsichtlich Recherchetechniken vorhanden sein, ist es wichtig, dass Sie ausreichend Material zur Verfügung stellen und exemplarische Einzelrecherchen mit den Schülern durchführen. Es ist ausdrücklich erwünscht, dass die Kinder eigene Ideen in ihr Plakat aufnehmen und so persönliche geschichtliche Interessen verfolgen können.

Lösung

Aufgabe 2:

Erfindung des Münzgelds: ca. 650 v. Chr.
Lebenszeit von Julius Caesar: 100 bis 44 v. Chr.
Erfindung des Fahrrads: 1817 n. Chr.

Weiterführende Anregungen

- Auch lokale geschichtliche Ereignisse können in die Zeitleiste integriert werden. Sei es die Gründung der Heimatstadt oder ein verheerendes Unwetter in der Umgebung – durch die Aufnahme solcher Daten wird ein regionaler Bezug hergestellt. So fällt es den Kindern leichter, ihren Horizont von dem für sie tatsächlich erfahrbaren Raum auf historische Ereignisse von großer Bedeutung zu erweitern.
- Wichtig ist, dass die Schüler die Möglichkeit erhalten, ihr Plakat der Klasse vorzustellen. Dadurch bekommen Sie einen Eindruck, inwieweit die Kinder den zeitlichen Ablauf historischer Epochen erfasst haben. Gleichzeitig bietet dies dem Schüler die Gelegenheit, die für ihn wichtigen Geschehnisse seinen Klassenkameraden zugänglich zu machen.
- Im weiteren Verlauf der Beschäftigung mit der Lektüre kann immer wieder auf die Lernplakate zurückgegriffen werden, um geschichtliche Ereignisse wie z. B. den

Niedergang der Villa Rustica in Hechingen-Stein zeitlich einzuordnen.

- Die Lernplakate eignen sich auch hervorragend für eine Ausstellung oder die Dekoration des Klassenzimmers während der Unterrichtssequenz.

KV Seite 20

Die Römer und wir

Diese Kopiervorlage ermöglicht einen motivierenden Einstieg in die Thematik „altes Rom“. Sie knüpft an das Vorwissen der Schüler an und aktiviert ihre Erfahrungen. Zunächst schreiben die Kinder auf, was sie bereits über die Römerzeit wissen. Anschließend überlegen sie, woher ihre Kenntnisse stammen, und kreuzen die entsprechenden Quellen an. So führen sie sich vor Augen, dass Geschichte nicht nur in der Schule und in Büchern vermittelt wird, sondern unseren Alltag durchdringt (z. B. in Form eines Asterix-Comics). Schließlich lesen die Schüler kurze Informationstexte über drei römische Erfindungen, die bis in unsere Zeit hineinwirken, und stellen somit einen Bezug zu ihrer eigenen Lebenswelt her.

Lösung

Aufgabe 3:

Kalender, Kanalisation, Heizung

Kommst du mit auf Zeitreise?

Das Thema „Zeitreise“ regt sicher die Fantasie der Schüler an. Dieses Arbeitsblatt bietet ihnen die Möglichkeit, eigene Assoziationen und Ideen zu äußern. Zunächst überlegen sie, in welche Zeit sie gerne reisen würden. Wahrscheinlich taucht dabei die Frage auf, wie eine solche Zeitreise bewerkstelligt werden könnte. Bestimmt kommt die Sprache auf eine Zeitmaschine, die viele Schüler aus Fantasy- oder Science-Fiction-Geschichten kennen. Aber wie könnte eine solche Maschine aussehen? In zeichnerischer Form setzen sich die Kinder mit dieser Fragestellung auseinander. Lassen Sie sie ihre Bilder anschließend erklären.

Weiterführende Anregung

Das Thema „Zeitreise“ eignet sich sehr gut als kreativer Schreibauftrag. Als vorbereitende Hausaufgabe bringen die Schüler ein Bild mit, das die Zeit repräsentiert, die sie besonders interessiert. Die Bilder stellen sie im Plenum vor. Lassen Sie die Kinder dann in ihrer Fantasie in ihre jeweilige Zeit reisen: Bitten Sie sie, die Augen zu schließen, legen Sie leise Entspannungsmusik auf und stellen Sie ihnen mit ruhiger Stimme Fragen nach den Eindrücken auf der Reise: Was siehst du? Wem begegnest du? Was erlebst du? Anschließend schreiben die Schüler ihre Geschichte auf.

Erstes und zweites Kapitel: **Zeitsprung zu den alten Römern**

Inhalt

Die elfjährige Hannah macht mit ihrer Schulklasse einen Ausflug zu den römischen Ausgrabungen in Hechingen-Stein. Von ihrer Ururoma hat sie die Fähigkeit geerbt, in die Vergangenheit zu reisen, und so ist sie schon einmal unverhofft im Mittelalter gelandet. Diesmal scheint alles gut zu gehen. Doch dann erregt ein unbekannter Junge in römischer Kleidung Hannahs Aufmerksamkeit. Kurz darauf beobachtet sie eine Kampfszene, die sie für eine Probe für das bevorstehende Römerfest hält. Der Junge in der Tunika begegnet ihr erneut und zerrt sie in ein Gebüsch. Auf einmal verändert sich die Umgebung und Hannah reist in die Römerzeit. Dort erfährt sie, dass ihr Begleiter ein echter Römer ist und Marcus Fabius Cicero heißt. Als Hannah ihm ihre Geschichte erzählt, bekommt der Junge Angst und läuft weg. Zum Glück taucht Whisky, die Hündin ihres Großvaters, auf und das Mädchen gibt ihr den Befehl, nach Marcus Fabius Cicero zu suchen.

Gesprächs- und Schreibanlässe

Einige Mitglieder von Hannahs Familie haben die Fähigkeit, in die Vergangenheit zu reisen.

- In welche Zeit würdest du gerne reisen? Warum?
- In welcher Zeit würdest du auf gar keinen Fall landen wollen? Begründe.
- Wie stellst du dir eine Zeitreise vor?

Hannah macht mit ihrer Klasse einen Schulausflug zu den römischen Ausgrabungen in Hechingen-Stein.

- Wohin hast du schon einen Schulausflug gemacht?
- Welche Orte mit einer besonderen geschichtlichen Bedeutung hast du bereits besucht?

Der Führer im Museum zeigt der Klasse die Latrinen.

- Worum handelt es sich dabei?
- Welche Unterschiede gibt es zu heutigen öffentlichen Toiletten, z. B. an deiner Schule?

In Hechingen-Stein wird beim Römerfest eine Schlacht zwischen Römern und Alemannen nachgespielt.

- Welche Festspiele, die historische Ereignisse auf die Bühne bringen, kennst du (z. B. Drachenstich in Furth im Wald, Landshuter Hochzeit, Doktor-Eisenbarth-Festspiel in Oberviechtach)?
- Welche bedeutsamen Geschehnisse in der Geschichte deines Heimatorts könnte man nachspielen?

Hannah denkt, dass sie in der Römerzeit eine Aufgabe erfüllen muss.

- Warum glaubt sie das?
- Welche Aufgabe könnte das sein?

Marcus Fabius Cicero hat Angst vor Hannah und läuft weg.

- Warum verhält sich der Römer wohl so?
- Stell dir vor, zu dir käme ein Mensch aus der Zukunft. Wie würdest du reagieren?
- Wie könnte der Zukunftsmensch aussehen? Wo könnte er herkommen?

Hinweise zu den Kopiervorlagen

Hannah, die Zeitreisende

Diese Kopiervorlage prüft das Textverständnis und die Lesegenauigkeit. Es ist wichtig, dass die Schüler zu Beginn die Ereignisse des Buches richtig erfassen, um der Geschichte im weiteren Verlauf folgen zu können. Deshalb entscheiden sie hier nach dem Lesen des ersten Kapitels über den Wahrheitsgehalt einiger Aussagen und beweisen so ihre Textkenntnis. Das Lösungswort dient der Selbstkontrolle. Bei der letzten Aufgabe sind die Schüler dazu aufgefordert, den weiteren Handlungsverlauf zu antizipieren. So wird ihre Neugier geweckt weiterzulesen.

Lösung
Aufgabe 1:

	wahr	falsch
1. Hannah ist mit ihrer Klasse auf einem Schulausflug.	X	
2. Ihr Lehrer heißt Herr Walter.		X
3. In Hannahs Familie gibt es einen Zeitwandertick.	X	
4. Hannah ist deswegen schon einmal bei einer Burgführung im Mittelalter gelandet.	X	
5. Hannahs Vater ist von Beruf Zahnarzt.		X
6. Auf Wunsch ihrer Mutter geht Hannah zum Judotraining.	X	
7. Die Hündin von Hannahs Opa heißt Whisky.	X	
8. Hannahs Oma hat angefangen, Kräuter im Garten zu pflanzen.	X	
9. Hannahs Rucksack hat ihr Vater gepackt.		X
10. Eine Tunika ist ein römisches Kleidungsstück.	X	
11. Hannahs Oma wartet am Parkplatz auf sie.		X
12. Bei dem Römerfest in Hechingen-Stein werden Schlachten zwischen Römern und Griechen nachgespielt.		X

Aufgabe 2:
Lösungswort: Villa Rustica

Ein echter Römer

Diese Kopiervorlage beschäftigt sich ausgehend von Hannahs neuer Bekanntschaft mit der Kleidung der Römer. Zunächst vervollständigen die Schüler Hannahs Beschreibung von Marcus Fabius Cicero und stellen dadurch ihre Lesegenauigkeit unter Beweis. Danach informieren sie sich mithilfe eines kurzen Sachtextes über das römische Alltags- und Festgewand. Zeigen Sie den Kindern Beispielbilder aus dem Internet, damit sie sich die Kleidung besser vorstellen können.

Lösung
Aufgabe 1:
Der Junge ist ungefähr in meinem Alter, vielleicht dreizehn oder so. Er hat braune Haare, eine unmögliche Frisur

und grün-braune Augen. Er trägt eine helle Tunika mit lilafarbenen Rändern, braune Schnürsandalen und ein Amulett um den Hals.

Aufgabe 3:
Cicero trägt keine Toga. Sie wurde nur von reichen römischen Bürgern zu besonderen Anlässen getragen. Im Alltag verzichtete man auf das kunstvoll um den Körper gewickelte Gewand.

KV Seite 24

Ein Rucksack für die Zeitreise
Hannahs Rucksack ist das Thema dieser Kopiervorlage. Viele der Dinge, die ihre Mutter ihr mitgegeben hat, werden im Verlauf der Geschichte noch an Bedeutung gewinnen. Deswegen lohnt sich die nähere Beschäftigung damit. Die Schüler wählen aus den Gegenständen diejenigen aus, die sich tatsächlich im Rucksack befinden. Im Anschluss versetzen sie sich in Hannahs Lage und überlegen, welche Dinge sie auf eine Zeitreise mitnehmen würden. Sie können sich mit einem Partner austauschen oder ihre Ideen im Plenum diskutieren.

Lösung
Im Rucksack sind: Zeitung, Kerzen, Erste-Hilfe-Tasche, Taschenlampe, Schnur, Regenjacke, Klopapier, Zwieback, Notfallratgeber, Taschenmesser, Streichhölzer, Wasserflasche, Block und Stift, Kräuterführer, Kompass, Schokolade, Fernglas
Nicht im Rucksack sind: Thermoskanne, Gaskocher, Radio, Feuerlöscher, Klebeband, Batterien, Handy

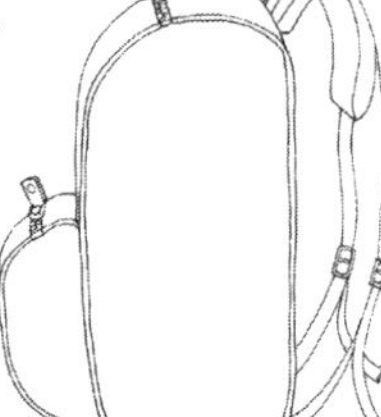

Drittes und viertes Kapitel:
Unterwegs in der Römerzeit

Inhalt

Whisky führt Hannah zur Villa Rustica und sie klettert auf einen Baum, um sich einen Überblick über den Gutshof zu verschaffen. In der Nähe der Mauer stößt sie wenig später auf Marcus Fabius Cicero. Sie kann ihn von ihren guten Absichten überzeugen und so kommen die beiden miteinander ins Gespräch. Von Cicero erfährt Hannah, dass sie sich im Jahr 1012 seit der Gründung Roms (also 259 n. Chr.) befindet. Außerdem unterhalten sie sich über das Leben von Kindern zu dieser Zeit, das römische Schulwesen und ihre Götter. Damit Hannah unerkannt in die Villa Rustica gelangen kann, muss Cicero ihr passende Kleidung besorgen. Währenddessen beobachtet das Mädchen einen verletzten Mann, der sich durch den Wald schleppt. Schließlich kehrt Cicero mit seiner Schwester Aurora Fabia zurück, die Hannah mithilfe von Sandalen, einer Tunika und einer Flechtfrisur in eine Römerin verwandelt. So können sich die drei auf den Weg zur Villa Rustica machen.

Gesprächs- und Schreibanlässe

Der Gutshof von Hechingen-Stein ist so berühmt, dass er in einem Asterix-Comic erwähnt wird.
- Wer sind die Hauptfiguren dieser Comics?
- Welche Comics dieser Serie hast du schon gelesen?

Marcus Fabius Cicero erklärt Hannah die Bedeutung seines Namens.
- Wie viele und welche Namen hatte ein römisches Kind?
- Wodurch unterscheiden sich diese Namen von unseren Namen heute?
- Versuche, deinen Namen nach römischem Vorbild abzuwandeln.

Cicero ist entsetzt, als Hannah ihm erzählt, was mit dem Römischen Reich passieren wird.
- Was berichtet Hannah ihm? Sagt sie ihm die ganze Wahrheit?
- Warum fällt es ihr so schwer, Cicero von der Entwicklung des Römischen Reichs zu erzählen?
- Wie würdest du dich fühlen, wenn dir jemand sagen würde, dass es deine Heimat in der Zukunft nicht mehr geben wird?

Cicero trägt eine Bulla.
- Was ist eine Bulla?
- Welche vergleichbaren Gegenstände gibt es in unserer Zeit?

Hannah unterhält sich mit Cicero über Religion.
- Welcher Religion gehörst du an?
- Kennst du noch andere Religionen?
- Was weißt du über den Glauben im antiken Rom?

Hannah entdeckt einen verletzten Mann im Wald, der ihr bekannt erscheint.
- Wer könnte dieser Mann sein?
- Was befürchtet Hannah?

Hinweise zu den Kopiervorlagen

KV Seite 25

Die Villa Rustica

Diese Kopiervorlage beschäftigt sich mit dem Schauplatz des Romans, der Villa Rustica in Hechingen-Stein. Im dritten Kapitel sieht Hannah die intakte römische Anlage zum ersten Mal und schildert ihre Eindrücke. Die Schüler setzen sich in Aufgabe 1 mit ihrer Beschreibung auseinander und unterstreichen die wichtigsten Informationen. Auf dieser Grundlage fertigen sie anschließend eine Zeichnung des Gutshofs an. Damit stellen sie ihre Lesegenauigkeit unter Beweis und schulen ihr räumliches Vorstellungsvermögen. Der Text gibt konkrete Hinweise zur Architektur des Hofs, lässt aber auch die Freiheit zu, eigene Ideen, z. B. zur Art der Bepflanzung, bei der Ausgestaltung einfließen zu lassen.

Weiterführende Anregung

Die Ergebnisse dieser kreativen Arbeitsphase sollten allen Schülern zugänglich gemacht werden. Hier bietet sich die kooperative Methode „Museumsrundgang“ an.

Museumsrundgang

Die Ergebnisse einer Gruppen- oder Einzelarbeitsphase werden auf die Tische gelegt oder an den Wänden des Klassenzimmers befestigt. Die Kinder bewegen sich leise und vorsichtig durch den Raum, um sich die Arbeiten ihrer Mitschüler anzusehen. Im Anschluss können sie ihre Eindrücke in einem Unterrichtsgespräch äußern. Sie geben einander kriterienorientierte, konstruktive Rückmeldungen und beurteilen, inwieweit die Aufgabenstellung erfüllt wurde. Hilfreich sind hier Satzanfänge wie z. B. „An deiner Zeichnung gefällt mir, dass …“ oder „Gut gelungen ist dir …“.

KV Seite 26

Auf Entdeckungsreise

Nachdem sich die Schüler auf der Basis von Hannahs Beschreibung im Buch ein Bild von dem römischen Gutshof gemacht haben, sollen sie sich nun mit der realen Anlage beschäftigen. Auf diesem Arbeitsblatt findet sich ein originaler Grundriss der Villa Rustica. Die Aufgabe bietet den Schülern die Möglichkeit, ihr räumliches Vorstellungsvermögen in Form eines Rätsels zu trainieren. Sie lesen die zehn Sätze, die Aufschluss über die Lage der Orte und Räume geben, und tragen die Ziffern dann an der passenden Stelle ein. So verschaffen sie sich einen detaillierten Überblick über den Schauplatz der Handlung.

Lösung

Aufgabe 2:

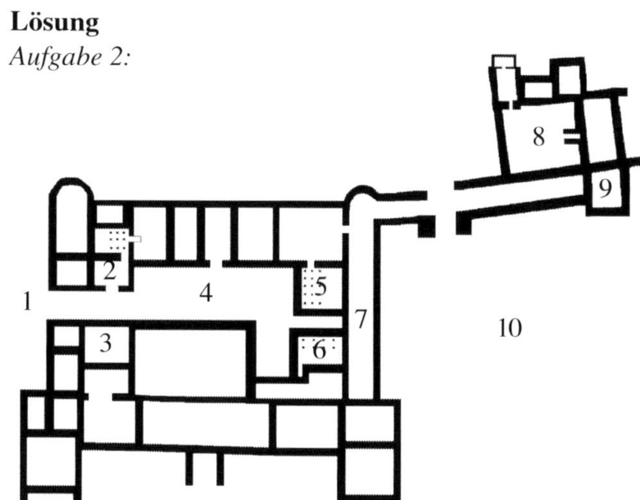

Weiterführende Anregungen

Ein Besuch in Hechingen-Stein wäre natürlich die optimale Methode, um das im Verlauf der Beschäftigung mit der Lektüre erworbene Wissen zu festigen und zu vertiefen. Aber auch die Homepage des Römischen Freilichtmuseums eröffnet einige Möglichkeiten zur näheren Erkundung der Villa Rustica.

- Unter *https://www.roemischesfreilichtmuseum.de/luftaufnahmen/* finden sich Luftbilder, mit denen man die ganze Anlage überblicken und die Veränderungen im Laufe der Zeit (seit 2003) nachvollziehen kann. Auf diese Weise verschaffen sich die Schüler einen ersten Eindruck davon, wie der ehemalige Gutshof heute aussieht.
- Außerdem steht ein dreiminütiges Video zur Verfügung, das einen Rundflug mit dem Helikopter über das Gelände des Römischen Freilichtmuseums zeigt: *https://www.youtube.com/watch?v=rzKszGI2v5w.*
- Und unter *https://www.roemischesfreilichtmuseum.de/3d-rekonstruktionen/* kann man einige 3-D-Bilder eines rekonstruierten Modells betrachten und sich so eine Vorstellung machen, wie die Villa Rustica in römischer Zeit ausgesehen haben könnte.

Was ist eine Villa Rustica?
Diese Kopiervorlage informiert über die Funktion der Gutshöfe in römischer Zeit. Ausgehend von den Eroberungsstrategien der Römer werden verschiedene Siedlungsformen erklärt und schließlich wird die Villa Rustica als eine dieser Formen genauer vorgestellt. Anhand der Aufgaben werden das Textverständnis der Kinder und ihre Lesegenauigkeit überprüft. Darüber hinaus üben sie den Umgang mit Sachtexten und wesentliche Lesestrategien wie das Gliedern von Texten in Abschnitte, das Zuordnen von Teilüberschriften sowie das Suchen von Informationen.

Lösung
Aufgabe 2:
1. Abschnitt: B
2. Abschnitt: C
3. Abschnitt: A

Aufgabe 3:
1. Die Dörfer entstanden deshalb, weil sich Händler und Handwerker in der Nähe der Soldatenlager niederließen, um das Militär zu versorgen.
2. Im Text werden Soldatenlager, Dörfer und einzelne Gutshöfe erwähnt.
3. Die drei Bedingungen waren die Lage an leicht abfallenden Hängen, die Nähe von wichtigen Handelsstraßen und die Erreichbarkeit einer Quelle oder eines Flusses.
4. Die Villa Rustica in Hechingen-Stein wurde ausgegraben und teilweise sogar wiederaufgebaut, ist ungewöhnlich groß und sehr gut erhalten.

Der Gutshof in Hechingen-Stein
Die Schüler erweitern ihr zuvor erworbenes Wissen über die Funktion einer Villa Rustica nun im Hinblick auf den Gutshof in Hechingen-Stein. Indem sie ihn mit einem heutigen Bauernhof vergleichen, treten seine Besonderheiten zutage. Zunächst markieren die Kinder auf einem Lageplan die Gebäude, die auf einem Bauernhof in unserer Zeit nicht zu finden sind. Anschließend überlegen sie, welche Arbeiter und Handwerker wohl nötig waren, um den Gutshof in Hechingen-Stein zu bewirtschaften. Durch die Bearbeitung dieser Aufgaben stellen die Schüler einen Bezug zwischen ihrer Lebenswelt und der römischen Vergangenheit her und machen sich Ähnlichkeiten und Unterschiede bewusst.

Lösung
Aufgabe 1:
Schmiede, Tempelbezirk, Eckturm, zweites Bad

Aufgabe 2:
Müller, Schmied, Wachleute / Soldaten, Sklaven zur Instandhaltung und Pflege von Haus, Garten, Bädern und Vieh

Luftaufnahme der Villa Rustica in Hechingen-Stein

Die Gründung Roms
Die Gründungssage Roms gehört zum grundlegenden Wissen über diese Zeit. Diese Kopiervorlage bietet einen kurzen Text, der die Sage altersgerecht nacherzählt. Außerdem setzen die Schüler hier das Gründungsjahr des Römischen Reichs zu der Handlungszeit des Romans in Bezug. Marcus Fabius Cicero gibt das aktuelle Jahr mit „1012 seit der Gründung Roms" (S. 28) an. Diese Zahl muss in unsere Zeitrechnung übertragen werden. Falls den Schülern die Berechnung Schwierigkeiten bereitet, kann die Zeitleiste zu Hilfe genommen werden.

Lösung
Aufgabe 2:
im Jahr 753 v. Chr.

Aufgabe 3:
1012 – 753 = 259 n. Chr.

Kindheit in römischer Zeit
Für Grundschüler ist es sicher interessant zu erfahren, wie römische Kinder aufwuchsen. Mit diesem Thema beschäftigt sich die vorliegende Kopiervorlage. Indem die Schüler die wichtigsten Stationen im Leben eines römischen Jungen in die richtige Reihenfolge bringen, beweisen sie ihr Textverständnis und ihre Lesegenauigkeit. Das Lösungswort bietet die Möglichkeit zur Selbstkontrolle. Darüber hinaus dient es als Anknüpfungspunkt, um über eine wichtige Quelle unseres heutigen Wissens über die Römerzeit zu sprechen: die Ausgrabungen bei Pompeji. Im Unterrichtsgespräch soll den Kindern die Ambivalenz des Vulkanausbruchs deutlich gemacht

werden. Das Ausmaß der Katastrophe, bei der ganze Städte verschüttet wurden, muss der Tatsache, dass die Archäologie ihr wichtige Einblicke in die römische Kultur und in den römischen Alltag verdankt, gegenübergestellt werden.

Lösung

Aufgabe 1:

7. Außerdem übergibt er seine Kinderkleidung und das Spielzeug den Schutzgeistern.
4. Die Bulla ist ein Amulett.
6. Die Bulla legt er dann ab.
5. Mit Erreichen der Volljährigkeit erhält ein Junge die *toga virilis* (Toga des Mannes).
2. Nimmt dieser das Kind auf den Arm, erkennt er es an.
3. Ein Junge bekommt dann seine Bulla, die er bis zur Volljährigkeit im Alter von vierzehn Jahren trägt.
1. Jedes frei geborene Kind wird nach der Geburt untersucht und zu seinem Vater gebracht.

Aufgabe 2:

Lösungswort: Pompeji

Aufgabe 3:

In Pompeji kann man die Ausgrabungen einer antiken Stadt besichtigen, die vor fast zweitausend Jahren bei einem Ausbruch des Vulkans Vesuv verschüttet wurde.

Weiterführende Anregung

Die zeitliche Einordnung der Katastrophe (79 n. Chr.) kann mithilfe der Zeitleiste erfolgen, die Verortung des Geschehens durch die Suche auf einer Landkarte von Italien oder in einem Atlas.

Schule – damals und heute

Diese Kopiervorlage stellt anknüpfend an das Gespräch zwischen Hannah und Cicero zu Beginn des vierten Kapitels das Schulsystem der römischen Zeit dem heutigen gegenüber. Die Kinder schneiden die Wortkarten aus und ordnen sie zunächst den entsprechenden Spalten zu, ohne sie aufzukleben. Dabei können sie sich mit einem Partner austauschen. Einige Wortkarten passen in beide Spalten. Im Anschluss an die Bearbeitung der Aufgabe sollte im Plenum über die Verteilung der Wortkarten gesprochen werden, damit den Schülern die Gemeinsamkeiten und die Unterschiede der beiden Schulsysteme bewusst werden.

Lösung

Schule in römischer Zeit: *ludus litterarius*, Grammatikschule, Astronomie, Rhetorik, *grammaticus*, Prügelstrafe
Schule heute: Grundschule, Mittelschule, Lehrerin, Werken, Englisch
beide Schulformen: Lesen, Schreiben, Rechnen, Geometrie, Grammatik

Römische Götter

Der Glaube war ein wesentlicher Bestandteil der römischen Kultur. Diese Kopiervorlage bietet einen kurzen Sachtext zu den Göttern der Römer und ihrem Opferkult. Anschließend sind die Schüler aufgefordert, selbstständig Informationen zu Minerva, die wichtig für Ciceros Familie ist, zusammenzutragen. Dabei wenden sie Recherchetechniken wie das Nachschlagen in Sachbüchern und das Forschen im Internet an.

Bei der Darstellung ihrer Götter griffen die Römer auf eine spezielle Bildsprache zurück. Am Beispiel von Minerva können Sie diese Veranschaulichung von Eigenschaften durch Symbole thematisieren.

Lösung

Aufgabe 2:

z. B. Sachbücher, Lexika, Internet

Aufgabe 3:

Griechischer Name: Athene
Beschützerin von: Handwerkern, Dichtern, Lehrern
Aufgaben: Hüterin von Wissen und Weisheit
Symboltier: Eule

Aufgabe 4:

Die Eule steht für die Weisheit und das Wissen Minervas.

Wie der Lateiner sagt

Ausgehend von dem Sinnspruch „Geld stinkt nicht“, den Cicero im vierten Kapitel erwähnt, stellt die Kopiervorlage verschiedene lateinische Sentenzen vor, die auch heute noch gebräuchlich sind. Zunächst erklären die Schüler die Bedeutung der Redewendung aus dem Buch. Anschließend lesen sie die Sinnsprüche auf dem Arbeitsblatt und markieren diejenigen, die sie kennen, farbig. Nun ordnen sie den lateinischen Sätzen ihre deutschen Bedeutungen zu. Als Hilfestellung können bestimmte lateinische Ausdrücke vorab identifiziert werden (z. B. *nomen* oder *scholae*). Vor dem Bearbeiten der vierten Aufgabe überlegen die Kinder, wo sie weitere Informationen über die Sinnsprüche finden können. Es ist möglich, Personen zu befragen, ein Lexikon zu benutzen oder in einem Onlineportal nachzulesen. Im Anschluss wählen sie mit einem Partner ein Sprichwort aus, recherchieren dessen Bedeutung und präsentieren ihre Ergebnisse, verdeutlicht durch Beispiele, im Plenum.

Lösung

Aufgabe 1:

Das Sprichwort geht auf den römischen Kaiser Vespasian zurück, der eine Steuer auf die öffentlichen Toiletten erhob. Der Ausspruch rechtfertigt den Besitz oder die Einnahme von Geld aus zweifelhaften Quellen.

Aufgabe 3:

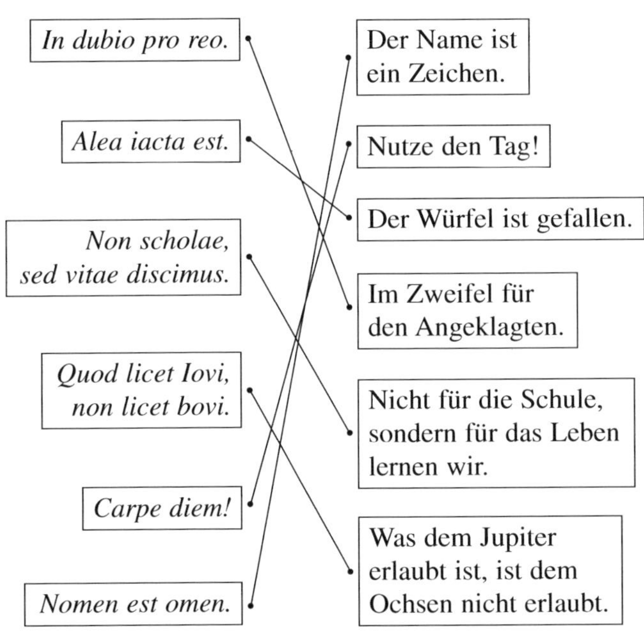

Aufgabe 4:

In dubio pro reo. – Ein Angeklagter soll nicht verurteilt werden, wenn es Zweifel an seiner Schuld gibt.
Alea iacta est. – Die Sache ist entschieden.
Non scholae, sed vitae discimus. – Was man in der Schule lernt, soll auf das Leben vorbereiten.
Quod licet Iovi, non licet bovi. – Was jemand tun oder nicht tun darf, hängt von seiner Stellung ab.
Carpe diem! – Nutze deine Zeit im Hier und Jetzt gut.
Nomen est omen. – Der Name sagt etwas Treffendes über eine Person oder Sache aus.

Fünftes bis siebtes Kapitel: **Eine Entführung und ihre Folgen**

Inhalt

Die Geschwister nehmen Hannah mit in die Villa Rustica, wo sie einen römischen Namen erhält und mit Essen versorgt wird. Hannah nutzt die Gelegenheit, um sich ein Bild vom Leben der Römer zu machen. Dabei erfährt sie auch Näheres über die Familie des Gutsherrn. Als Aurora von ihrer älteren Schwester erzählt, begreift Hannah, dass sie zu Beginn ihrer Zeitreise keine Theaterprobe für das Römerfest, sondern die Entführung von Auroras Schwester Luna beobachtet hat. Die beiden Mädchen beschließen, den Schmied Fabricius um Rat zu fragen. In der Schmiede treffen sie auf Flavus, der dort ein Schwert abholt. Nachdem Fabricius von Hannahs Herkunft und ihren Beobachtungen im Wald erfahren hat, machen sich die Geschwister, Hannah und der Schmied auf die Suche nach dem verletzten Mann. Sie finden ihn bewusstlos im Wald und bringen ihn zu Fabricius' Hütte, wo Hannah seine Wunden behandelt.

Gesprächs- und Schreibanlässe

Hannahs Name bedeutet „die Anmutige".

- Weißt du, was dein Name bedeutet? Versuche, es herauszufinden.
- Hast du einen Namenspatron / eine Namenspatronin? Was weißt du über ihn / sie?

Hannah bezeichnet Auroras Zimmer als „spärlich möbliert" (S. 53).

- Was meint sie damit?
- Welche Möbelstücke befinden sich in dem Raum? Vergleiche mit deinem eigenen Zimmer.

Aurora serviert Hannah einige römische Speisen.

- Was davon würdest du gerne probieren?
- Welche Gerichte stehen heute nicht mehr auf unserem Speiseplan?

Auf dem römischen Gutshof arbeitet ein Schmied. Seine Tätigkeiten werden heute in der Regel von einem Metallbauer ausgeübt.

- Kennst du weitere Berufe, die heute nicht mehr in ihrer ursprünglichen Form praktiziert bzw. anders genannt werden? Welche sind das?
- Schmiede haben nicht nur Schwerter hergestellt. Was haben sie wohl sonst noch gemacht?

Der Mann, der in der Schmiede ein Schwert abholt, ist Hannah nicht geheuer.

- Warum empfindet sie so?
- Auch der Schmied misstraut Flavus. Weshalb?
- Was könnte der blonde Besucher des Gutshofs im Schilde führen?

Hannah leistet dem verletzten Mann Erste Hilfe.

- Was bedeutet Erste Hilfe?
- Warum ist Erste Hilfe so wichtig?
- Bei uns ist es für bestimmte Personen Pflicht, an einem Erste-Hilfe-Kurs teilzunehmen. Für wen? Kannst du dir vorstellen, warum?

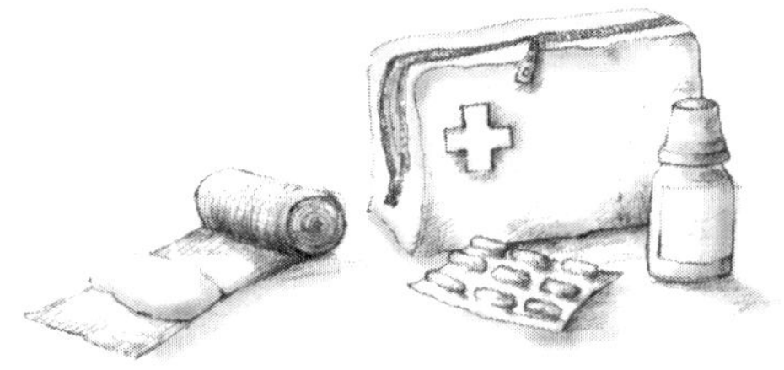

Hinweise zu den Kopiervorlagen

KV Seite 34

Die Entführung

Da es sich um einen Schlüsselmoment des Romans handelt, wird die Entführung von Auroras Schwester, die Hannah zu Beginn für eine Theaterprobe gehalten hat, hier näher betrachtet. Die Schüler vervollständigen Hannahs Bericht. So beweisen sie ihre Textkenntnis und ihre Lesegenauigkeit. Des Weiteren machen sie sich Gedanken darüber, warum Aurora Hannah zunächst nicht glaubt. Im Partnergespräch fühlen sie sich in Aurora hinein und setzen sich mit den Verhältnissen in der römischen Zeit auseinander. Eine wichtige Rolle spielt dabei die Feststellung, dass Entfernungen damals anders wahrgenommen wurden (Stichwort: Tagesritt). Aus ihren Überlegungen mit dem Partner entwickeln die Kinder Ideen, wie sie sich an der Stelle der Mädchen verhalten würden. Ihre persönlichen Einschätzungen schreiben sie auf und diskutieren sie anschließend im Plenum.

Lösung

Aufgabe 1:

Ich habe auf einem Hügel in der Nähe des Gutshofs eine Gruppe Menschen beobachtet. Es waren einige Männer, die mit Schwertern um ein Mädchen kämpften. Es stand schluchzend am Rand. Der Kampf war sehr hart, schließlich blieb sogar einer der Verteidiger schwer verletzt am Boden liegen. Die Angreifer schleppten das Mädchen mit sich und verschwanden im Wald.

Aufgabe 2:

Aurora glaubt Hannah zunächst nicht, weil Luna einen ganzen Tagesritt entfernt wohnt und ihrer Meinung nach nicht in der Nähe des Gutshofs sein kann.

Weiterführende Anregungen

- Laut Aurora wohnt Luna in *Sumelocenna*, das von der Villa Rustica aus in einem Tagesritt zu erreichen ist. Es bietet sich an, die Maßeinheit eines Tagesritts ins Verhältnis zur Gegenwart zu setzen. Recherchieren Sie gemeinsam, wie *Sumelocenna* heute heißt (Rottenburg) und in welcher Distanz die Stadt vom Freilichtmuseum in Hechingen-Stein liegt. So werden die Schüler erfahren, dass ein „Tagesritt" rund zwanzig Kilometer umfasst. Welcher Ort ist von ihrem Heimatort ungefähr zwanzig Kilometer entfernt? Die Kinder können auf einer Landkarte nachsehen und auf diese Weise eine Vorstellung von der Strecke entwickeln.
- Weiter wird über die Maßeinheit eines Tagesritts gesprochen. Auf welches „Verkehrsmittel" spielt dieser Begriff an? Welche Verkehrsmittel benutzt man in unserer Zeit stattdessen? Wie weit kommt man heute, wenn man einen ganzen Tag lang reist? So entwickeln die Schüler ein Gefühl dafür, warum die Geschwister Luna weit weg und in Sicherheit wähnen.

So speisten die Römer

Das Arbeitsblatt liefert weiterführende Informationen zur römischen Esskultur. Die Schüler lesen den Text und schreiben drei für sie wesentliche Unterschiede zwischen unseren Essgewohnheiten und denen der Römer auf. Des Weiteren erhalten sie einen Forscherauftrag. Sie sollen herausfinden, warum bei uns häufig gegessene Lebensmittel in der römischen Küche nicht verwendet wurden. Die Kinder äußern ihre Vermutungen im Plenum oder recherchieren die Antwort im Rahmen einer offenen Arbeitsphase.

Falls sie Hilfestellung benötigen, können Sie ihnen ein Bild von Christoph Kolumbus zeigen und fragen, was er wohl mit Kartoffeln, Mais und Paprika zu tun hat. Im gemeinsamen Austausch wird dann die Lösung erarbeitet, dass die genannten Lebensmittel alle aus Amerika stammen und daher erst nach der Entdeckung im Jahr 1492 hierhergelangen konnten. Zur historischen Einordnung kann die Zeitleiste herangezogen werden.

Lösung

Aufgabe 2:

z. B. Die Römer lagen beim Essen auf Speisesofas, aßen mit den Fingern und hatten keine Gabeln und Messer.

Aufgabe 3:
vgl. Hinweise zur Kopiervorlage

KV Seite 36

Guten Appetit!
Diese Kopiervorlage gibt Einblicke in die römische Küche, indem sie zwei leicht variierte Rezepte von Apicius, der das älteste überlieferte Kochbuch aus römischer Zeit *(De re coquinaria)* verfasst haben soll, vorstellt. Die ausgewählten Rezepte sind einfach nachzukochen und schmackhaft. Wenn eine Küche vorhanden ist, können die Schüler in Gruppen jeweils ein Rezept ausprobieren.

Die Römer neigten dazu, unterschiedliche Geschmacksrichtungen zu vermischen (süß und salzig, bitter und scharf). Da dies nicht den Vorlieben von Kindern entspricht, wurden die Rezepte etwas abgewandelt (z. B. kein Salz in der Süßspeise). Außerdem sollte der frisch gestoßene Pfeffer, der am Ende immer dazugegeben wird, separat gereicht werden.

KV Seite 37

Die Alemannen
Um der Romanhandlung folgen zu können, ist es wichtig, dass die Schüler verstehen, warum das Verhältnis zwischen Römern und Alemannen angespannt war. Die Kopiervorlage bietet daher einen kurzen Sachtext mit wesentlichen Informationen über die germanischen Stämme. Dieser kann als Ausgangspunkt für eigene Recherchen genutzt werden. Die Schüler tragen mit einem Partner oder in der Gruppe weitere Informationen über die Alemannen zusammen und stellen sie im Plenum vor. Bei der dritten Aufgabe gestalten die Kinder eine Lernlandkarte: Sie beurteilen, inwieweit ihnen die aufgeführten Aussagen schon bekannt sind, und malen die Kreise dann in der entsprechenden Farbe an.

Der Limes
Der Limes als Grenze des Römischen Reichs hatte eine große Bedeutung für das Verhältnis der Römer zu den Germanen und spielt im Roman in Bezug auf die Figur des Flavus eine Rolle. Der kurze Sachtext auf dieser Kopiervorlage fasst die wichtigsten Informationen über den Obergermanisch-Raetischen Limes zusammen. Die Schüler erfahren, wo sich der Limes befand, wie er entstanden ist und wann er von den Römern aufgegeben wurde. Die Karte visualisiert die räumlichen Gegebenheiten. Durch die farbige Markierung der Kartenteile verschaffen sich die Kinder einen Überblick über den Grenzverlauf und die Gebietsverteilung in Germanien.

Weiterführende Anregungen

- Die Schüler betrachten den Verlauf des Obergermanisch-Raetischen Limes auf dem Arbeitsblatt genauer. Fordern Sie sie auf, seine beiden Endpunkte zu markieren. Diese liegen in Rheinbrohl am Rhein und in Eining an der Donau. Die Kinder machen sich auf diese Weise bewusst, dass die Flüsse Rhein und Donau die Außengrenzen des Römischen Reichs fortführten.
- Die Städte auf der Karte können ebenfalls näher untersucht werden. Einige gehen auf römische Legionslager zurück (Rheinbrohl, Eining, Köln, Trier, Regensburg). Auch in Stuttgart befand sich ein römisches Kastell (Kastell Stuttgart-Bad Cannstatt) und in Frankfurt siedelten die Römer auf dem Domhügel. Rottenburg und Rottweil waren ebenfalls römische Siedlungen. In Gruppenarbeit widmen sich die Schüler jeweils einer Stadt und recherchieren ihre Ursprünge. Die Ergebnisse stellen sie auf einem Plakat zusammen und präsentieren sie anschließend im Plenum. Die Poster eignen sich ausgezeichnet für eine Ausstellung im Klassenzimmer.

Erste Hilfe
Da die Versorgung des verletzten Fremden durch Hannah im siebten Kapitel viel Raum einnimmt, bietet es sich an, Erste Hilfe im Unterricht zu thematisieren. Mittels eines Versuchs finden die Schüler zunächst heraus, was bei einer Verletzung genau passiert und wie der Selbstschutz der Haut funktioniert. Anschließend entscheiden sie anhand einer Reihe von Aussagen, welche Vorgehensweisen bei blutenden Wunden richtig sind, und lernen, wie sie sich bei einem Unfall verhalten sollten.

Lösung
Aufgabe 1:
Zunächst tritt an der eingeritzten Stelle etwas Saft aus. Dieser trocknet ein, wird braun und verklebt die verletzte Stelle.

Aufgabe 2:
richtige Aussagen:
Bevor man ein Pflaster aufklebt, sollte die Wunde möglichst sauber sein.
Ein Druckverband kann eine Blutung stoppen.
Man sollte darauf achten, die Wundauflage eines Pflasters oder Verbands nicht mit den Fingern zu berühren.
Im Notfall sollte man den Notruf wählen: 112.

falsche Aussagen:
Man wartet einfach, bis die Blutung aufhört.
Man darf Wunden nicht mit Wasser spülen oder desinfizieren.
Es ist nicht nötig, wegen einer stark blutenden oder verschmutzten Wunde einen Arzt aufzusuchen.
In einem Erste-Hilfe-Kurs lernt man, im Notfall Hilfe zu holen, aber nicht, wie man Verletzten selbst helfen kann.

Weiterführende Anregungen

- Es ist sinnvoll, die Kinder das Anlegen von Pflastern und Verbänden üben zu lassen. Viele Einrichtungen wie das Jugendrotkreuz oder die Johanniter bieten spezielle Erste-Hilfe-Kurse für Kinder an. Dort erhält man auch Unterrichtsmaterial für die Grundschule.
- Im Fachbereich „Sprechen" kann das Absetzen eines Notrufs geübt werden (Stichwort: W-Fragen).

Achtes bis zehntes Kapitel: **Die Villa Rustica in Gefahr**

Inhalt

Hannah bleibt über Nacht bei dem Verletzten in der Schmiede. Am Morgen erwacht dieser und erzählt, dass er in Lunas Haus gearbeitet habe. Eines Tages seien die Alemannen in der Stadt eingefallen und Luna habe sich allein mit ihm auf den Weg zu ihrer Familie gemacht. Kurz vor der Villa Rustica seien die beiden überfallen und Luna entführt worden. Cicero und Aurora informieren ihren Vater, der beschließt, sich mit einem bewaffneten Trupp auf die Suche nach Luna zu machen.

Als die Männer den Hof verlassen haben, belauscht Hannah ein Gespräch zwischen Flavus und Alwin. Der arrogante Besucher beschimpft den Verletzten, weil er einem Mädchen zur Flucht verholfen habe. Sie begreift, dass die beiden in die Entführung verwickelt sein müssen. Flavus entdeckt sie, doch mithilfe ihrer Hündin kann Hannah entkommen und sich im Wald verstecken. Nachdem sie in der aus ihrer Zeit mitgenommenen Tageszeitung einen Bericht über einen Betrugsversuch gelesen hat, versteht sie, was Flavus im Schilde führt: Die Entführung ist nur ein Ablenkungsmanöver, um die wehrhaften Männer von der Villa Rustica wegzulocken, damit Flavus den Hof unter seine Kontrolle bringen kann. Hannah läuft zum Suchtrupp, um dem Gutsherrn von Flavus' Plan zu erzählen. Er stellt das Mädchen zwar unter Arrest, macht sich aber dennoch unverzüglich auf den Rückweg.

Gesprächs- und Schreibanlässe

Alwin weiß angeblich nicht, warum Luna entführt wurde.
- Welchen Grund könnte es für die Entführung geben?
- Was würdest du an der Stelle von Hannah und ihren Freunden tun?

Hannah belauscht, wie Flavus Alwin bedroht.
- Woher könnten sich die beiden kennen?
- Was haben sie mit Lunas Entführung zu tun?

Hannah hat den geheimen Plan von Flavus durchschaut.
- Inwiefern hat ihr die Zeitung dabei geholfen?
- Welche Absichten hat Flavus?
- Was wird wohl mit Aurora und ihrer Mutter geschehen?
- Was soll Hannah nun tun?

Hannah läuft zum Suchtrupp, um den Gutsherrn zu warnen.
- Wie beurteilst du ihr Handeln?
- Wie hättest du an ihrer Stelle reagiert?

Hinweise zu den Kopiervorlagen

Mein Kräuterbuch

Hannah sieht sich im neunten Kapitel genauer im Kräutergarten der Villa Rustica um. Kräuter und Heilpflanzen haben zur Römerzeit eine wichtige Rolle gespielt. Deshalb ist es sinnvoll, sich damit zu beschäftigen. Mithilfe der Kopiervorlage kann ein Kräuterbuch gebastelt werden. Vorab nennen die Schüler spontan im Plenum alle Kräuter, die sie kennen. Anschließend vergleichen sie die von ihnen genannten Pflanzen mit den Kräutern auf dem Arbeitsblatt. Einige davon können die Kinder sicher spontan ihren Eigenschaften zuordnen, andere sind vielleicht weniger bekannt. Hier bietet es sich an, die Schüler in Gruppen recherchieren zu lassen. Bevor sie die Wortkarten aufkleben, sollten die Zuordnungen überprüft werden. Abschließend schneiden sie die Seiten aus, legen sie in alphabetischer Reihenfolge aufeinander und heften sie am linken Rand zusammen.

Lösung

Minze: getrocknete Blätter werden als Tee verwendet, hilft bei Atemwegserkrankungen
Melisse: Blätter duften zerrieben nach Zitrone, hilft bei Schlafstörungen
Salbei: riecht aromatisch, hilft bei Halsentzündungen
Arnika: wächst im Gebirge, eine Salbe oder Tinktur hilft bei Schwellungen und Verstauchungen
Kamille: wirkt beruhigend, hilft bei Magenbeschwerden

Thymian: wird als Küchengewürz verwendet, hilft gegen Husten
Lavendel: hat leuchtende lilafarbene Blüten, wirkt beruhigend
Fenchel: Knolle wird als Gemüse gegessen, Babys trinken den Tee gegen Blähungen

Weiterführende Anregungen

- Die Schüler können von zu Hause Zweige und Blätter von verschiedenen Küchenkräutern mitbringen. Das Riechen, Befühlen, Anschauen und Schmecken der Kräuter sorgt für eine lebendige Auseinandersetzung mit dem Thema und erleichtert den Kindern das Einprägen der Pflanzen und ihrer Eigenschaften.
- Außerdem können die Schüler zu Hause nach Produkten suchen, in denen Wirkstoffe der Heilkräuter zu finden sind, und diese ihrer Klasse präsentieren. Pfefferminz- und Kamillentee gibt es in fast jedem Haushalt. Viele Hustensäfte enthalten Thymian, Halsbonbons oft Salbei. Auch Wundsalben mit Arnikaextrakten sind verbreitet. Dies sind nur einige Beispiele, wo man fündig werden kann.

Das Ablenkungsmanöver

Flavus' geheimer Plan prägt den weiteren Handlungsverlauf entscheidend. Mit dieser Kopiervorlage wird geprüft, ob die Kinder diese Stelle genau erfasst haben. Nach der Lektüre des zehnten Kapitels beantworten sie die Fragen auf dem Arbeitsblatt und beweisen so ihr Textverständnis. Schließlich überlegen sie, was während der Abwesenheit der Männer auf dem Gutshof passiert sein könnte. Dies macht sie neugierig auf die weiteren Geschehnisse und motiviert sie zur Lektüre des nächsten Kapitels.

Lösung

1. Er will den Gutshof unter seine Kontrolle bringen.
2. Er wollte den Gutsherrn und seine Männer von der Villa Rustica weglocken.
3. Sie läuft zum Suchtrupp und erzählt dem Gutsherrn von ihrem Verdacht.
4. „Nun gut, die Dinge entwickeln sich höchst unerfreulich. Wir gehen direkt zurück zum Gutshof und stellen Flavus zur Rede. Dann werden wir sehen, ob du recht hast oder selbst etwas im Schilde führst." (S. 92)
5. Inzwischen könnte Flavus Aurora und ihre Mutter eingesperrt und den Hof in Besitz genommen haben.

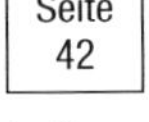

Leben als Legionär

Das Arbeitsblatt eröffnet den Schülern die Möglichkeit, sich über das römische Militärwesen zu informieren. Die Legionäre spielten bei der Eroberungs- und Siedlungspolitik der Römer eine wichtige Rolle. Viele deutsche Städte gehen auf römische Legionslager zurück (vgl. „Weiterführende Anregungen" zur Kopiervorlage „Der Limes" auf S. 13). Ein Sachtext stellt die verschiedenen Aufgaben der Legionäre, ihre Ausrüstung und ihre Laufbahn dar. Bei der Suche und dem Unterstreichen spezifischer Informationen im Text ist das genaue Lesen der Kinder gefordert.

Lösung

Aufgabe 2:

1. Die Legionäre waren dafür zuständig, das Römische Reich zu erweitern und neue Gebiete für die Römer zugänglich zu machen. Sie bauten Straßen, legten Lager an, hoben Gräben aus, schütteten Wälle auf und errichteten Zäune.
2. Viele deutsche Städte haben sich aus ehemaligen römischen Legionslagern entwickelt, so zum Beispiel Regensburg, Augsburg und Köln.
3. Jeden Tag mussten sie kilometerlange Fußmärsche zurücklegen. Dabei trug ein einzelner Soldat bis zu vierzig Kilogramm Gepäck mit sich.
4. Nach einer absolvierten Dienstzeit von zwanzig bis fünfundzwanzig Jahren erhielten die Soldaten ein Stück Land oder eine finanzielle Abfindung.
5. So fand man zum Beispiel in Köln Grabsteine von ehemaligen römischen Soldaten, die später als römische Bürger dort gelebt und teilweise sogar Germaninnen geheiratet hatten.

Weiterführende Anregung

An dieser Stelle ist es hilfreich, einen regionalen Bezug herzustellen. Falls es in der Nähe Ihrer Schule ein ehemaliges Legionslager gibt, bietet es sich an, sich mit diesem näher zu beschäftigen, seine Geschichte zu recherchieren und den Ort mit der Klasse zu besuchen.

Elftes und zwölftes Kapitel: **Der Schatzhort**

Inhalt

Als Hannah und der Suchtrupp den Gutshof erreichen, finden sie Aurora und ihre Mutter unverletzt vor. Die beiden erzählen, dass sie sich in Auroras Zimmer eingeschlossen und später beobachtet haben, wie Flavus mit Alwin das Gelände verließ. Von Aurora erfährt Hannah, was es mit Flavus auf sich hat: Er ist der Halbbruder des Gutsherrn. Da ihn der Vater nicht anerkannt hat, fiel nach dessen Tod das ganze Erbe an Auroras Vater.

Am nächsten Tag wird eine Schar bewaffneter Alemannen entdeckt, die sich der Villa Rustica nähert. Fabricius will einige wertvolle Gegenstände in einem Bronzekessel in der Erde vergraben. Hannah begreift, dass der entscheidende Angriff der Alemannen auf die Villa Rustica bevorsteht und die Römer nicht mehr hierher zurückkommen werden. Sie warnt die Bewohner, die daraufhin beschließen, den Hof endgültig zu verlassen. Vorher macht sich der Gutsherr aber auf, um seine Tochter Luna, die noch immer von den Alemannen festgehalten wird, zu befreien. Als dies gelungen ist, haben die Alemannen die Villa Rustica bereits erreicht und in Brand gesetzt. Hannah hat mit der Rettung von Luna und ihrer Familie und der Verhinderung einer Schlacht um den Gutshof ihre Aufgabe in der Römerzeit erfüllt. Mit Whiskys Hilfe findet sie das Zeitgebüsch wieder und kehrt in die Gegenwart zurück.

Gesprächs- und Schreibanlässe

Hannah hat einen Wunsch beim Gutsherrn frei.
- Welche Gedanken gehen ihr durch den Kopf?
- Was würdest du dir an ihrer Stelle wünschen?

Hannah zögert, bevor sie Fabricius von der Zerstörung der Villa Rustica erzählt.
- Warum fällt es ihr schwer, ihm davon zu berichten?
- Was könnten die Folgen sein?
- Was würdest du an ihrer Stelle tun?

Luna und Hannah setzen sich dafür ein, dass Alwin verschont wird.
- Hat Alwin Nachsicht verdient? Was ist deine Meinung?
- Was hältst du von Hannahs Aktion, sich dem Gutsherrn in den Weg zu stellen?

Der Gutsherr sagt: „Flavus will Rache!“ (S. 112)
- Warum glaubt er das?
- Wie wird es Flavus nach seiner Rache wohl gehen?
- Hattest du schon einmal Rachegefühle? Wie war das für dich?

Hannahs Großvater ist entsetzt, als er sie sieht.
- Was erschreckt ihn so?
- Was wird Hannah ihm wohl erzählen?

Hinweise zu den Kopiervorlagen

Die Akteure

Am Ende des Romans stehen sich zwei Parteien gegenüber, die Anspruch auf den Gutshof erheben. Mithilfe dieser Kopiervorlage verschaffen sich die Schüler einen Überblick über diesen entscheidenden Konflikt. Vor dem Bearbeiten des Blattes überlegen sie zunächst eigenständig, welche Figuren daran beteiligt sind. Die Namen der Personen werden einzeln auf DIN-A4-Blätter geschrieben und jeweils einem Kind in die Hand gegeben, das dann für diese Person steht. So kann die Figurenkonstellation im Klassenzimmer nachgestellt werden. Die Schüler diskutieren, wer zu welcher Seite gehört. Danach fällt das Ausfüllen des Schaubilds auf dem Arbeitsblatt nicht mehr schwer.

Ein besonderes Augenmerk sollte auf die Rolle Alwins gelegt werden. Zunächst hilft er Flavus bei der Umsetzung seines Plans, trägt dann aber entscheidend zu Lunas Rettung bei. Die besondere Beziehung zwischen dem Gutsherrn und Flavus ist Gegenstand der dritten Aufgabe.

Lösung

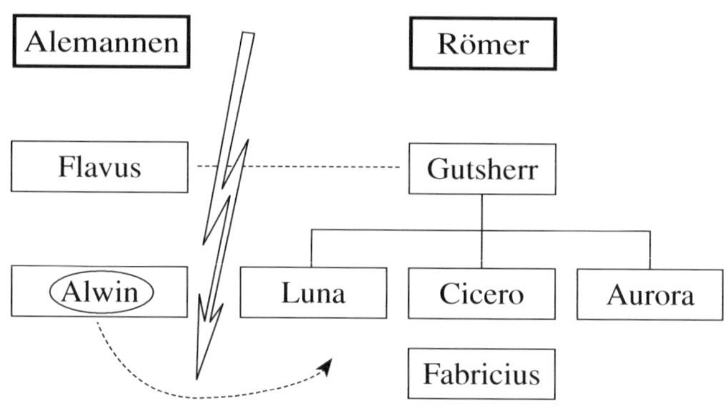

Ein kostbarer Fund

Auf dem Gelände des römischen Gutshofs wurde tatsächlich ein Bronzekessel mit Gebrauchsgegenständen ausgegraben. Einen solchen Fund nennt die Archäologie einen Hortfund. Was das bedeutet, erläutert die vorliegende Kopiervorlage. Die Schüler befassen sich mit dem kurzen Sachtext und stellen einen Bezug zur Lektüre her, indem sie nachlesen, was der Schmied über den Bronzekessel sagt (S. 101). Schließlich bewerten sie anhand ihres erworbenen Wissens den Fund des Bronzekessels und beweisen so ihr Textverständnis.

Lösung
Aufgabe 2:
„Ich werde ihn vergraben, sobald die Herrin ihren Schmuck zusammengesucht hat. So sind unsere kostbaren Gegen-

stände in Sicherheit. Wir graben sie aus, sobald wir zurückkommen, und können dann den Hof neu aufbauen."

Aufgabe 3:
Es handelt sich um einen Schatzhort.

Das Ende der Villa Rustica

Hier wird das historisch belegte Schicksal der Villa Rustica thematisiert. Die Schüler sollen erfahren, wie, wann und warum die Römer Obergermanien verließen und welche Folgen ihr Rückzug hatte. Im Buch ist von einem Angriff auf den Gutshof die Rede. Ob dieser tatsächlich stattgefunden hat, ist nicht bekannt. Indem die Schüler den Sachtext lesen, informieren sie sich über die historisch verbürgten Fakten. Durch das anschließende Beantworten der Fragen stellen sie ihr Textverständnis unter Beweis.

Lösung
Aufgabe 2:
Die Villa Rustica wurde von den Alemannen vermauert, verfiel und wurde allmählich vom Wald überwuchert.

Aufgabe 3:
Die Römer hatten eine gut funktionierende Verwaltung und weitreichende Kenntnisse in der Baukunst (Wasserleitungen, mehrstöckige Steinhäuser, Fußbodenheizung).

Nach der Lektüre

Mithilfe der Arbeitsblätter in diesem Abschnitt fassen die Schüler den gelesenen Roman zusammen und bewerten ihn. Das abschließende Rätsel bietet ihnen die Möglichkeit, ihr neu gewonnenes Wissen über die Römerzeit auf spielerische Weise zu überprüfen. So behalten Ihre Schüler das gemeinsame Lesen von Hannahs Zeitreise in guter Erinnerung, was nicht zuletzt ihre Motivation für die nächste Klassenlektüre steigern kann.

Hinweise zu den Kopiervorlagen

Meine Meinung zum Buch

Die Kopiervorlage dient als Anstoß zu einer selbstständigen Auseinandersetzung mit dem Gelesenen. Die Schüler schreiben ihre Gedanken zum Roman und zum erworbenen Wissen über die Römerzeit auf. Im Plenum sollen diese vorgestellt und diskutiert werden.

KV Seite 47

Hannahs Abenteuer in Bildern

Die Kopiervorlage bildet acht ausgewählte Illustrationen aus dem Buch ab. Indem die Schüler sie in die richtige Reihenfolge bringen und mit einer passenden Bildunterschrift versehen, vollziehen sie den Handlungsverlauf der Lektüre noch einmal nach und fassen wichtige Textstellen mit eigenen Worten zusammen.

Die Illustrationen finden Sie im Buch auf den Seiten 11, 41, 46, 67, 85, 101, 108 und 114.

Lösung
1. Hannah begegnet Marcus Fabius Cicero und wundert sich über seine seltsame Aufmachung.
2. Hannah beobachtet einen verletzten Mann im Wald.
3. Aurora verkleidet Hannah als Römerin.
4. Hannah wird Zeugin, wie Flavus sich in der Schmiede sein neues Schwert abholt.
5. Hannah belauscht Flavus und Alwin und wird dabei von Flavus entdeckt.
6. Fabricius will den Bronzekessel mit den Wertgegenständen der Gutsfamilie vergraben.
7. Der Gutsherr befreit seine Tochter Luna aus den Händen der Alemannen.
8. Whisky findet das Zeitgebüsch wieder, sodass Hannah nach Hause zurückkehren kann.

Römerrätsel

Diese Kopiervorlage kann zur Abrundung der Unterrichtssequenz eingesetzt werden. Sie ermöglicht einen Rückblick auf die Lektüre, aber auch eine Wiederholung des Themenkreises „altes Rom".

Lösung

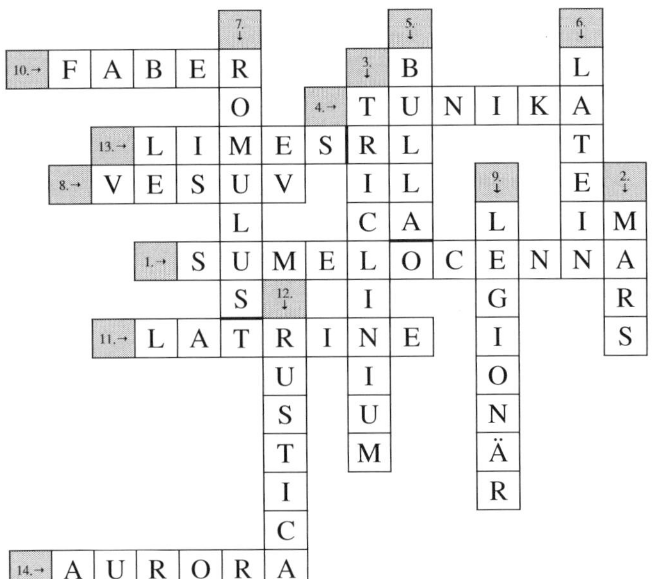

Zeitleiste (1)

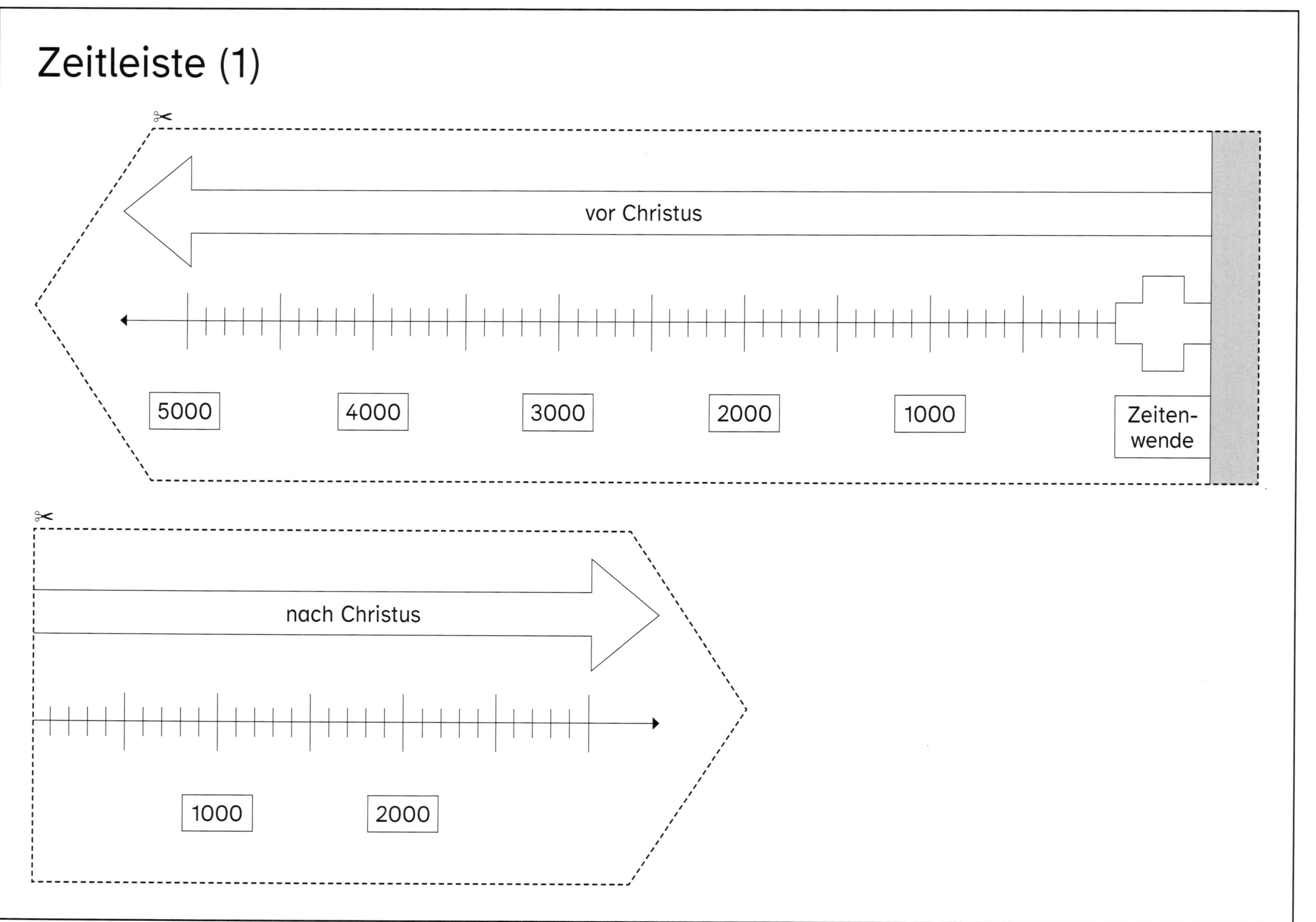

Name:

lesen schreiben **malen/basteln** rätseln **forschen** kochen

Zeitleiste (2)

Bastle und gestalte eine Zeitleiste.

Du brauchst:

- die Vorlage „Zeitleiste (1)“
- eine Schere
- Tonpapier (DIN A3)
- Klebstoff
- Farbstifte

So geht's:

1. Schneide die beiden Teile des Zeitstrahls aus und klebe sie nebeneinander in die Mitte des Tonpapiers.
2. Überlege dir eine passende Überschrift und schreibe sie über die Zeitleiste.
3. Markiere die Zeit vor Christus mit Blau und die Zeit nach Christus mit Rot.
4. Du kannst nun geschichtliche Ereignisse durch Beschriftungen, kleine Bilder und Symbole auf dem Tonpapier über und unter deiner Zeitleiste darstellen.

Bearbeite die folgenden Aufgaben.

Überlege dir passende Symbole zu den Ereignissen und trage sie in die Zeitleiste ein.

- Erfindung des Rads: um 5000 v. Chr.
- Bau der Pyramiden in Ägypten: um 2500 v. Chr.
- Gründung Roms: 753 v. Chr.
- Entdeckung Amerikas durch Kolumbus: 1492 n. Chr.

Wann sind diese Ereignisse passiert? Recherchiere und trage sie mit passenden Symbolen in die Zeitleiste ein.

- Erfindung des Münzgelds
- Lebenszeit von Julius Caesar
- Erfindung des Fahrrads
- deine Geburt

Welche weiteren geschichtlichen Ereignisse interessieren dich? Ergänze deine Zeitleiste.

Name:

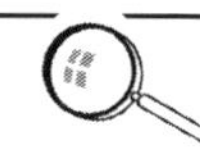
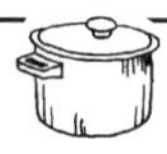

lesen | schreiben | malen/basteln | rätseln | forschen | kochen

Die Römer und wir

Was weißt du über die Römer? Notiere stichpunktartig.

____

____

Woher hast du dein Wissen? Kreuze an.

- ☐ Museum
- ☐ Reise nach Rom
- ☐ Internet
- ☐ Asterix-Comic
- ☐ Lehrer
- ☐ Eltern
- ☐ Film/Fernsehen
- ☐ Geschichtsbuch
- ☐ ______________

Diese drei Erfindungen verdanken wir den Römern. Welche sind es?
Lies die Texte und schreibe auf.

Es gibt ihn auf Papier, mechanisch und elektronisch. Wir teilen damit unsere Zeit in Jahre, Monate, Wochen und Tage ein. Seine moderne Form geht auf den römischen Kaiser Julius Caesar zurück:

der ______________.

Sie ist ein System aus unterirdischen Kanälen, das Abwasser, Regen- und Schmelzwasser sammelt und ableitet. Vorläufer sind die römischen Aquädukte (Wasserleitungen):

die ______________.

Sie dient der Erzeugung von Wärme. Im antiken Rom wurde sie zunächst in Thermen, später auch in Häusern eingesetzt:

die ______________.

Name:

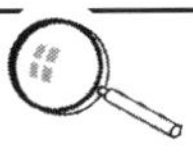

lesen **schreiben** **malen/basteln** rätseln forschen kochen

Kommst du mit auf Zeitreise?

In welche Zeit würdest du gerne reisen? Wähle aus und begründe.

☐ Zeit der Dinosaurier ☐ Zeit der Ritter ☐ Zeit der alten Römer

Wie stellst du dir eine Zeitmaschine vor? Male sie in den Kasten.

Name:

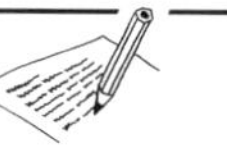
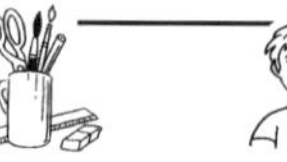

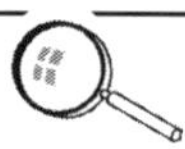

lesen schreiben malen/basteln **rätseln** forschen kochen

Hannah, die Zeitreisende

Im ersten Kapitel lernst du Hannah und das Geheimnis ihrer Familie kennen.

Wahr oder falsch? Markiere jeweils den richtigen Buchstaben farbig.

	wahr	falsch
1. Hannah ist mit ihrer Klasse auf einem Schulausflug.	V	M
2. Ihr Lehrer heißt Herr Walter.	U	I
3. In Hannahs Familie gibt es einen Zeitwandertick.	L	S
4. Hannah ist deswegen schon einmal bei einer Burgführung im Mittelalter gelandet.	L	E
5. Hannahs Vater ist von Beruf Zahnarzt.	U	A
6. Auf Wunsch ihrer Mutter geht Hannah zum Judotraining.	R	M
7. Die Hündin von Hannahs Opa heißt Whisky.	U	R
8. Hannahs Oma hat angefangen, Kräuter im Garten zu pflanzen.	S	O
9. Hannahs Rucksack hat ihr Vater gepackt.	M	T
10. Eine Tunika ist ein römisches Kleidungsstück.	I	A
11. Hannahs Oma wartet am Parkplatz auf sie.	G	C
12. Bei dem Römerfest in Hechingen-Stein werden Schlachten zwischen Römern und Griechen nachgespielt.	S	A

Trage die Buchstaben der Reihe nach ein. Wenn deine Antworten richtig sind, erfährst du, was Hannah in Hechingen-Stein besucht.

1	2	3	4	5

6	7	8	9	10	11	12

Wie geht die Geschichte nach dem ersten Kapitel wohl weiter? Sprecht über eure Ideen.

Name:

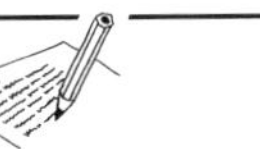  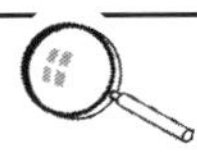 

lesen **schreiben** malen/basteln rätseln forschen kochen

Ein echter Römer

Im zweiten Kapitel stellt sich heraus: Der seltsame „Tunikatyp" ist ein Römer. Hannah schaut ihn sich genau an.

Vervollständige Hannahs Beschreibung. Lies auf Seite 15 nach.

Der Junge ist ungefähr in meinem Alter,

vielleicht ______________________ oder so.

Er hat ______________________ Haare, eine un-

mögliche Frisur und ______________________ Augen.

Er trägt eine helle ______________________ mit

______________________ Rändern, braune

______________________ und ein

______________________ um den Hals.

Lies den Text.

Die Römer trugen zu jeder Jahreszeit eine Tunika, das war die Alltagskleidung. Die Tunika ist ein Hemd, das aus zwei rechteckigen Tüchern zusammengenäht ist. Auf Hüfthöhe wurde sie von einem Gürtel oder einer Schnur gerafft. Stoffe zu färben war sehr teuer, deswegen hatten die meisten Römer eine Tunika aus ungefärbter Wolle. Reiche Bürger legten bei besonderen Anlässen eine Toga an. Dieses feierliche Obergewand bestand aus einem einzigen weißen Wolltuch, das in kunstvollen Falten um den Körper gewickelt wurde. An den Füßen trugen die Römer Riemchensandalen.

Welches römische Kleidungsstück trägt Cicero nicht? Warum wohl?
Sprich mit deinem Partner und schreibe in dein Heft.

Name:

lesen schreiben malen/basteln rätseln forschen kochen

Ein Rucksack für die Zeitreise

Hannahs Mutter hat ihr einen gut gefüllten Rucksack mitgegeben (Seite 17/18).

Was hat sie für ihre Tochter eingepackt? Kreise richtige Begriffe ein, streiche falsche durch.

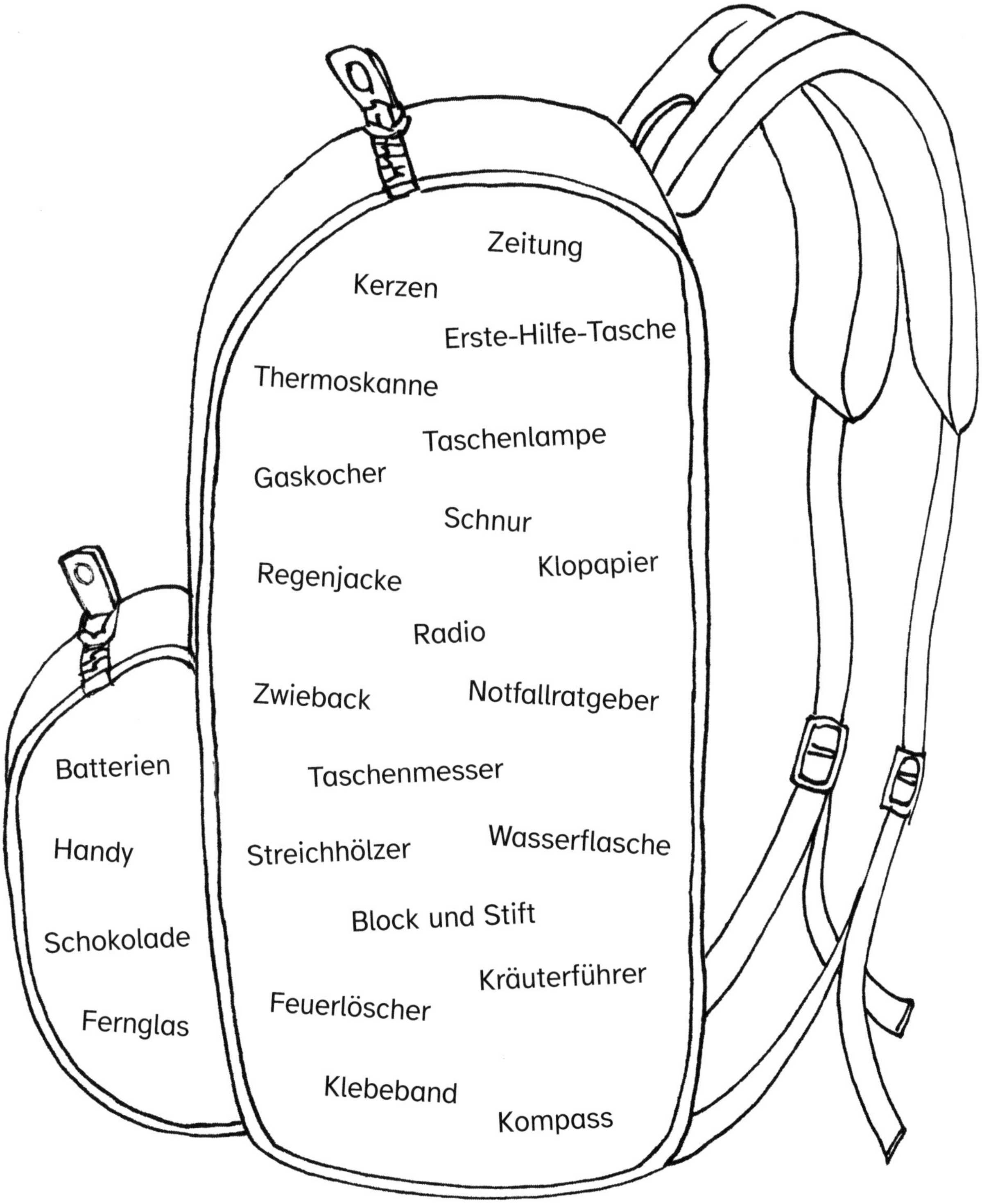

Zeitung

Kerzen

Erste-Hilfe-Tasche

Thermoskanne

Taschenlampe

Gaskocher

Schnur

Regenjacke

Klopapier

Radio

Zwieback

Notfallratgeber

Taschenmesser

Streichhölzer

Wasserflasche

Block und Stift

Feuerlöscher

Kräuterführer

Klebeband

Kompass

Batterien

Handy

Schokolade

Fernglas

Die Villa Rustica

Hannah klettert im dritten Kapitel auf einen Baum, um einen guten Überblick über die Villa Rustica zu haben.

Lies Hannahs Beschreibung des Gutshofs und unterstreiche die wichtigsten Informationen.

„Es gibt Häuser in unterschiedlichen Größen und Bauarten. Manche sind aus Stein, manche aus Holz. (...) Zwei hohe Ecktürme beherrschen das Haupthaus. Große Teile des Geländes sind bepflanzt, überall entdecke ich Beete und mit Hecken oder kleinen Mauern abgegrenzte Bereiche mit allen möglichen Gewächsen. Links oberhalb des Haupthauses ist ein weiterer Gebäudekomplex über einen Säulengang angeschlossen. Wenn mich nicht alles täuscht, waren dort die Baderäume mit den Latrinen. (...) Die Mauer rundherum ist sicher über zwei Meter hoch. An zwei Seiten gibt es Eingangstore."

Wie stellst du dir den Gutshof nach Hannahs Beschreibung vor? Zeichne ihn in den Rahmen.

Name:

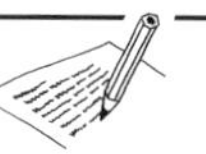

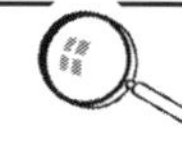

lesen schreiben malen/basteln rätseln **forschen** kochen

Auf Entdeckungsreise

Unten siehst du einen Grundriss der Villa Rustica. Wo liegen die einzelnen Orte und Räume? Lies die Sätze und trage die Ziffern in den Plan ein.

Der Haupteingang (1) ist im Westen.
Wenn du in das Gebäude gehst, befindet sich im zweiten Raum links die Heizung (2).
Gegenüber vom Heizraum ist die Küche (3).
Wenn du weitergehst, gelangst du in den Innenhof (4).
Läufst du geradeaus, triffst du direkt auf das Speisezimmer (5).
Gegenüber vom Speisezimmer findest du den Schlafraum (6).
Der Säulengang (7) führt von hier aus zum kleineren Gebäudeteil im Osten.
Im größten Raum dieses Gebäudes ist das Bad (8).
Der Säulengang endet vor der Latrine (9).
Südlich von diesem Gebäudeteil liegt der Kräutergarten (10).

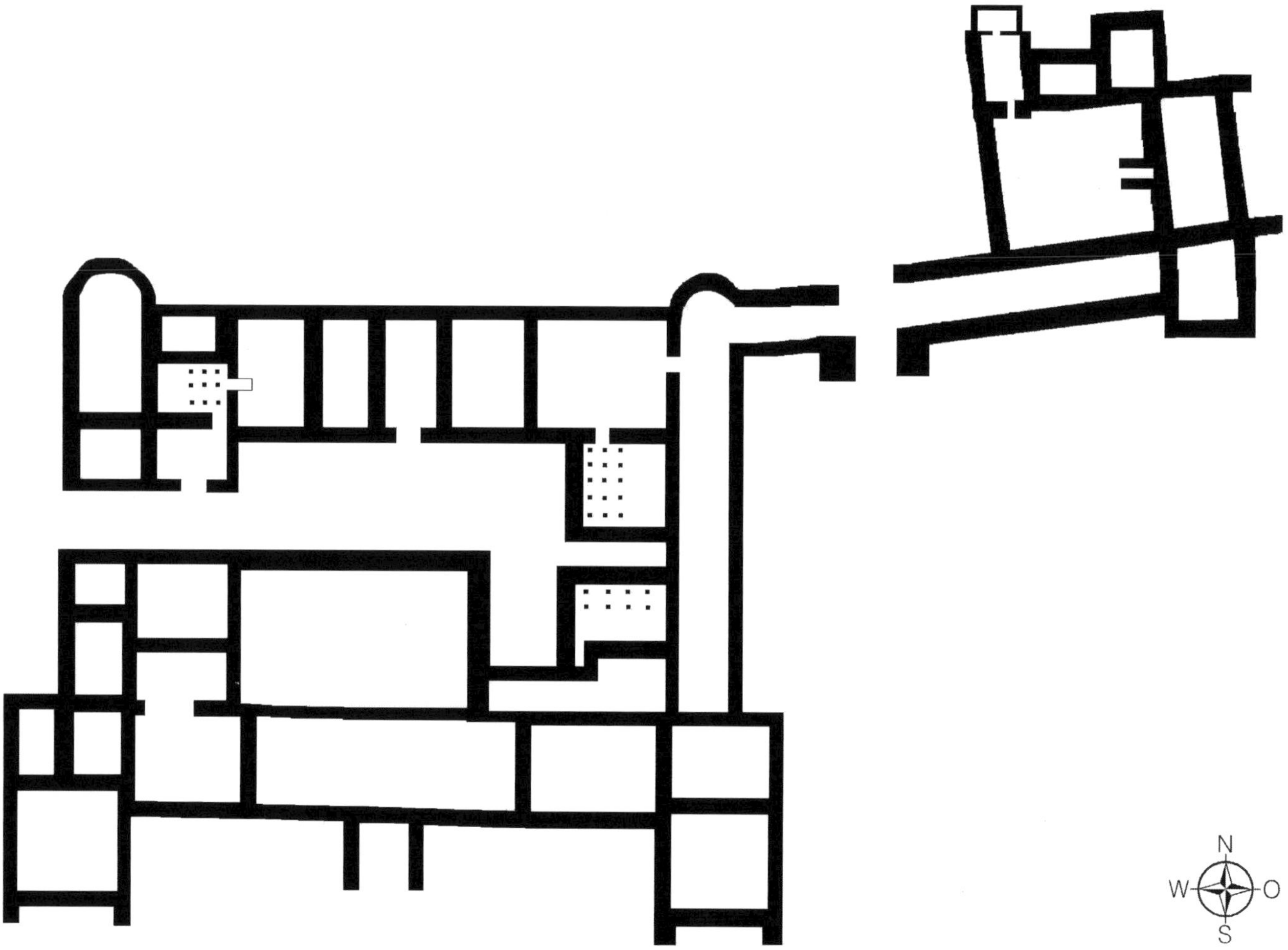

N
W O
S

Name:

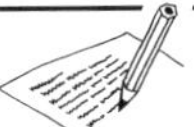

lesen **schreiben** malen/basteln **rätseln** forschen kochen

Was ist eine Villa Rustica?

Lies den Text.

○ Wenn die Römer ein Gebiet eroberten, errichteten sie zunächst Lager für die Soldaten. Schnell bauten sie das Straßennetz aus, um ihre Provinzen gut erreichen zu können. In der Umgebung von Soldatenlagern entstanden Dörfer, in denen Händler und Handwerker lebten, die das Militär versorgten. Diese Ortschaften entwickelten sich häufig zu Städten, die heute noch existieren. Rottweil *(Arae Flaviae)* und Rottenburg *(Sumelocenna)* sind Beispiele dafür.

○ Eine bedeutende Siedlungsform der damaligen Zeit war die Villa Rustica. So nannte man einzelne frei stehende Gutshöfe, die der Versorgung der Bevölkerung dienten. Oft lagen diese Gehöfte an leicht abfallenden Hängen und in der Nähe von wichtigen Handelsstraßen oder größeren Ortschaften. Damit Mensch und Tier Zugang zu Wasser hatten, achtete man auch auf die Erreichbarkeit einer Quelle oder eines Flusses. Rund um den Gutshof wurde Getreide angebaut und Viehzucht betrieben.

○ Nur wenige der über zweitausend römischen Gutshöfe in Südwestdeutschland konnten archäologisch untersucht werden. Das macht die Villa Rustica von Hechingen-Stein so besonders. Sie wurde ausgegraben und teilweise sogar wiederaufgebaut. Außerdem ist sie ungewöhnlich groß und die Überreste sind sehr gut erhalten.

Ordne die Teilüberschriften zu, indem du den jeweiligen Buchstaben in den Kreis vor dem Textabschnitt schreibst.

A – Die Villa Rustica in Hechingen-Stein
B – Wie die Römer Land besiedelten
C – Die Villa Rustica – eine römische Siedlungsform

Beantworte die folgenden Fragen in deinem Heft.

1. Warum entstanden in der Nähe von Soldatenlagern oft Dörfer?
2. Welche drei römischen Siedlungsformen werden im Text erwähnt?
3. Nenne drei Bedingungen, die darüber entschieden, wo eine Villa Rustica gebaut wurde.
4. Was ist das Besondere an der Villa Rustica in Hechingen-Stein?

Name: 

 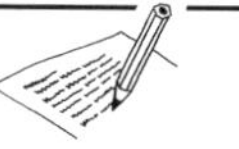   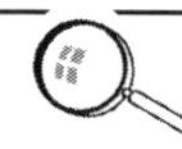 

lesen **schreiben** malen/basteln rätseln **forschen** kochen

Der Gutshof in Hechingen-Stein

Unten siehst du einen Lageplan des Gutshofs in Hechingen-Stein mit seinen Bauwerken aus römischer Zeit.

Betrachte den Plan genau. Welche Gebäude unterscheiden die Villa Rustica von einem heutigen Bauernhof? Kennzeichne sie farbig.

Überlege, welche Arbeiter und Handwerker wohl für die Bewirtschaftung eines solchen Hofs nötig waren, und schreibe sie auf. Die Bezeichnungen der Gebäude helfen dir.

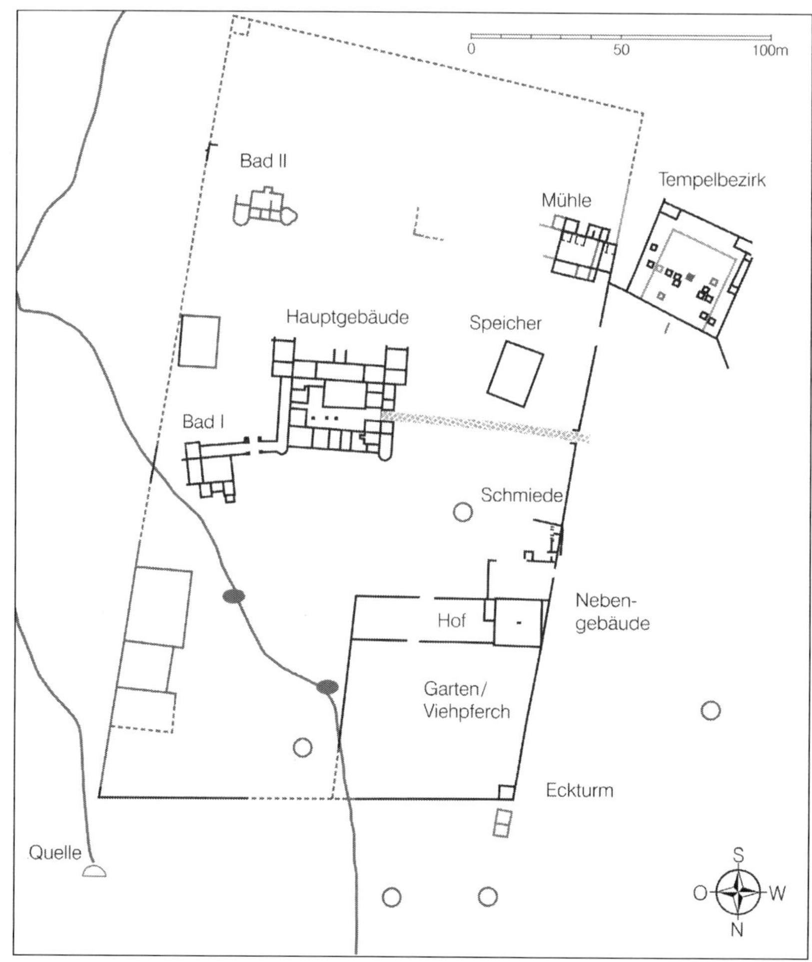

Name:

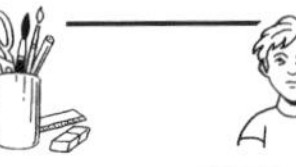

lesen schreiben malen / basteln **rätseln** forschen kochen

Die Gründung Roms

Lies den Text.

Es gibt eine Sage, wie Rom gegründet wurde. Die Zwillinge Romulus und Remus waren die Söhne des Kriegsgottes Mars. Als Babys wurden sie von ihrem bösen Onkel in einem Weidenkorb auf dem Fluss Tiber ausgesetzt. Eine Wölfin fand die beiden Jungen und säugte sie. So konnten sie gerettet werden. Ein Hirte zog die Jungen schließlich auf. Jahre später wollten die Brüder an der Stelle, wo sie gefunden worden waren, eine Stadt gründen, aber sie gerieten in Streit. Sie konnten sich nicht einigen, wer ihr Namensgeber und König werden sollte. Romulus siegte und begann mit dem Bau. Remus verspottete seinen Bruder, indem er über die niedrige Stadtmauer sprang. Das war eine schwere Beleidigung, denn eine solche Mauer galt damals als heilig. Romulus wurde so wütend, dass er seinen Bruder erschlug. Nun konnte Romulus allein über die neue Stadt herrschen. Er gab ihr den Namen Rom.

© pixelio.de

Mit dieser Eselsbrücke kannst du dir das Gründungsjahr der Stadt Rom merken: „7, 5, 3 – Rom schlüpft aus dem Ei."

In welchem Jahr wurde Rom also gegründet? Trage die Zahl in das Kästchen ein.

im Jahr ☐ v. Chr.

Marcus Fabius Cicero sagt: „Wir sind hier in Obergermanien, im Jahr 1012 seit der Gründung Roms." (Seite 28)

Welches Jahr ist das in unserer Zeitrechnung? Rechne und trage das Jahr in deine Zeitleiste ein.

______________________ n. Chr.

Name:

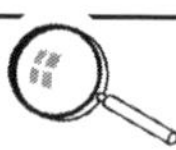

lesen | schreiben | malen/basteln | rätseln | forschen | kochen

Kindheit in römischer Zeit

Marcus Fabius Cicero erzählt Hannah im dritten Kapitel, wie Jungen in römischer Zeit aufwachsen (Seite 32/33).

Bringe die Sätze in die richtige Reihenfolge.

	I	Außerdem übergibt er seine Kinderkleidung und das Spielzeug den Schutzgeistern.
	P	Die Bulla ist ein Amulett.
	J	Die Bulla legt er dann ab.
	E	Mit Erreichen der Volljährigkeit erhält ein Junge die *toga virilis* (Toga des Mannes).
	O	Nimmt dieser das Kind auf den Arm, erkennt er es an.
	M	Ein Junge bekommt dann seine Bulla, die er bis zur Volljährigkeit im Alter von vierzehn Jahren trägt.
1	P	Jedes frei geborene Kind wird nach der Geburt untersucht und zu seinem Vater gebracht.

In der richtigen Reihenfolge ergeben die Buchstaben ein Lösungswort. Schreibe es auf.

1	2	3	4	5	6	7

Was erfährst du im Buch über diesen Ort? Lies auf Seite 32 nach und schreibe auf.

Name:

lesen schreiben **malen / basteln** rätseln forschen kochen

Schule – damals und heute

Cicero erzählt Hannah im vierten Kapitel von der Schule in römischer Zeit (Seite 37 / 38). Manches hört sich für Hannah sehr fremd an.

Schneide die Wortkarten aus. Ordne sie jeweils der richtigen Spalte zu und klebe sie ein. Einige Wortkarten passen in beide Spalten. Klebe diese in die Mitte.

Schule in römischer Zeit	Schule heute

✂

ludus litterarius	Grundschule	Lesen	Schreiben
Rechnen	Grammatikschule	Mittelschule	Geometrie
Astronomie	Rhetorik	Grammatik	*grammaticus*
Lehrerin	Prügelstrafe	Werken	Englisch

Name:

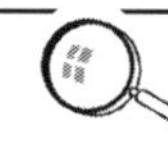
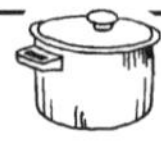

lesen schreiben **malen/basteln** rätseln **forschen** kochen

Römische Götter

Cicero erzählt Hannah im vierten Kapitel von der Göttin Minerva.

Lies den Text.

Die Römer verehrten viele Götter, die sie größtenteils von den Griechen übernahmen. Ihre Gottheiten waren unsterblich, hatten aber eine menschliche Gestalt und menschliche Eigenschaften. Jeder Gott und jede Göttin war für einen bestimmten Bereich zuständig, zum Beispiel Mars für den Krieg, Venus für die Liebe und Diana für die Jagd. Damit sie den Menschen gnädig blieben, war es wichtig, ihnen regelmäßig Opfer darzubringen. Dies konnten Lebensmittel, Wein oder auch Tiere wie Lämmer und Stiere sein. Während der Zeremonie wurde das Opfer verbrannt, oft wurden Teile davon hinterher auch gegessen. Die Opferung geschah in einem Tempel, der einer speziellen Gottheit geweiht war, und auf dem Vorplatz des Gebäudes. In römischen Ortschaften gab es mehrere Tempel für verschiedene Götter.

Wo kannst du weitere Informationen über römische Götter finden? Sprich mit deinem Partner.

Ergänze den Steckbrief über die römische Göttin Minerva. Mit welchem Symboltier wird Minerva gerne dargestellt? Male es in den Kasten.

Name: Minerva

Griechischer Name: ______________________

Beschützerin von: ______________________

____

Aufgaben: ______________________

____

Wofür steht Minervas Symboltier? Sprich mit deinem Partner.

Name:

lesen **schreiben** malen/basteln rätseln forschen kochen

Wie der Lateiner sagt

„Geld stinkt nicht!“, sagt Cicero zu seiner Schwester (Seite 47).

Woher kommt dieses Sprichwort und was bedeutet es? Lies in der Lektüre nach und erkläre mit eigenen Worten.

____

____

____

Unten findest du weitere lateinische Sprichwörter aus der Römerzeit, die heute noch verwendet werden. Welche davon hast du schon gehört? Markiere sie farbig.

Wie sagt man das auf Deutsch? Ordne den lateinischen Sprichwörtern die passende Übersetzung zu.

In dubio pro reo. •		• Der Name ist ein Zeichen.
Alea iacta est. •		• Nutze den Tag!
Non scholae, sed vitae discimus. •		• Der Würfel ist gefallen.
Quod licet Iovi, non licet bovi. •		• Im Zweifel für den Angeklagten.
Carpe diem! •		• Nicht für die Schule, sondern für das Leben lernen wir.
Nomen est omen. •		• Was dem Jupiter erlaubt ist, ist dem Ochsen nicht erlaubt.

Wähle mit deinem Partner ein Sprichwort aus und erklärt es eurer Klasse.

Name:

lesen **schreiben** malen/basteln rätseln forschen kochen

Die Entführung

Hannah erzählt Aurora am Ende des fünften Kapitels von dem Kampf, den sie zu Beginn ihrer Zeitreise beobachtet hat.

Setze die passenden Begriffe in die Lücken ein. Vier Wörter bleiben übrig.

Verteidiger | kurz | Mädchen | schleppten | hart | Gutshof

Wald | Schwertern | verletzt | Stangen | Hügel | schluchzend

Ich habe auf einem ______________

in der Nähe des Gutshofs eine Gruppe Menschen

beobachtet. Es waren einige Männer, die mit

______________ um ein ______________

kämpften. Es stand ______________ am Rand.

Der Kampf war sehr ______________, schließlich

blieb sogar einer der ______________ schwer verletzt

am Boden liegen. Die Angreifer ______________

das Mädchen mit sich und verschwanden

im ______________.

Aurora glaubt Hannah zunächst nicht. Warum? Sprich mit deinem Partner.

Was würdest du an Auroras und Hannahs Stelle unternehmen? Schreibe in dein Heft.

Name: 

lesen **schreiben** malen/basteln rätseln **forschen** kochen

So speisten die Römer

Im fünften Kapitel nimmt Hannah ein römisches Abendessen zu sich.

 Informiere dich über die Essgewohnheiten der Römer.

Die Römer kannten wie wir verschiedene Mahlzeiten. Das römische Frühstück wurde *ientaculum* genannt und war sehr einfach. Man nahm Brot, Käse, Oliven und Wasser zu sich. Zu Mittag *(prandium)* gab es meist kalte Speisen, dazu Obst und Wein. Die Hauptmahlzeit der Römer war das Abendessen *(cena)*, das aus mehreren Gängen bestand und oft viele Stunden dauerte.

Zum Essen lagen die Männer auf Speisesofas, die im *triclinium*, dem Speisezimmer, um einen Tisch gruppiert waren. Frauen saßen auf Stühlen. Die Römer aßen mit den Fingern und mit Löffeln, die einen spitzen Stiel zum Aufspießen von Fleisch- und Gemüsestückchen hatten.

Das meistbenutzte Würzmittel der Römer wurde *garum* genannt. Es handelte sich dabei um eine Fischsoße, die salzig schmeckte und beinahe zu jedem Gericht dazugehörte.

Sehr häufig verwendete Lebensmittel waren außerdem Hülsenfrüchte, Gemüse wie Kohl, Mangold, Lauch oder Zwiebeln, Meerestiere, aber auch Fleisch von Schweinen und Geflügel. Bei sehr reichen Bürgern kamen zusätzlich Speisen wie Flamingozungen, gefüllte Haselmäuse oder Pfauenhirn auf den Tisch. Einige Nahrungsmittel, die wir regelmäßig essen, fand man in keinem römischen Kochtopf. Dazu zählen Kartoffeln, Tomaten, Paprika, Mais und Putenfleisch.

 Wodurch weichen die Essgewohnheiten der Römer von den heutigen ab? Schreibe die drei für dich wichtigsten Unterschiede auf.

____

____

 Warum wurden Lebensmittel wie Kartoffeln oder Mais zu römischer Zeit überhaupt nicht verwendet? Recherchiere und schreibe die Antwort auf.

____

____

Name:

lesen schreiben malen/basteln rätseln forschen **kochen**

Guten Appetit!

Eine römische Vorspeise

Du brauchst:

- 8 frische Aprikosen
- Olivenöl
- 1 Esslöffel Balsamicoessig
- ½ Tasse Traubensaft
- 2 Esslöffel Honig
- Salz
- 1 Teelöffel Zucker
- 2 Teelöffel frische Minze
- 1 Teelöffel frische Pfefferkörner

So geht's:
Wasche die Aprikosen, halbiere und entsteine sie. Gieße ein wenig Olivenöl in eine Pfanne und bräune die Aprikosen darin an. Verquirle Essig, Traubensaft und Honig in einer Schüssel. Gib eine Prise Salz und den Zucker hinzu und rühre kräftig um. Gieße diese Flüssigkeit nun über die Aprikosen und lass die Mischung bei niedriger Hitze einkochen. Hacke die Minzblätter klein und gib sie kurz vor Ende der Garzeit dazu. Rühre noch einmal um und streue die frisch zerstoßenen Pfefferkörner darüber.
Tipp: Lass die Aprikosen nicht zu lange köcheln, sonst werden sie matschig. Die Früchte schmecken am besten, wenn sie noch etwas Biss haben.

Ein römischer Nachtisch

Du brauchst:

- ½ Liter Milch
- 100 g Gries
- Zucker
- Olivenöl
- Honig
- ½ Teelöffel frische Pfefferkörner

So geht's:
Lass die Milch aufkochen und rühre dann den Gries und eine Prise Zucker ein. Dieser Brei muss bei niedriger Hitze einige Minuten köcheln. Dabei darfst du das Umrühren nicht vergessen, sonst klebt er am Boden an. Lege ein Backblech oder eine eckige Auflaufform mit Backpapier aus. Streiche den Brei darauf auseinander und lass ihn abkühlen. Schneide die kalte Masse in kleine Ecken und brate sie in einer Pfanne mit etwas Olivenöl von beiden Seiten an. Lass die Ecken auf einem Küchenpapier abtropfen. Zum Schluss gibst du etwas Honig und die frisch zerstoßenen Pfefferkörner über deine Nachspeise.
Tipp: Zum Anbraten kannst du auch neutrales Pflanzenöl verwenden. Das Olivenöl gibt den Griesecken einen etwas herben Beigeschmack.

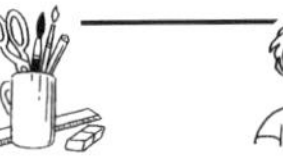

Name:

lesen schreiben malen / basteln rätseln **forschen** kochen

Die Alemannen

Im fünften Kapitel erzählt Aurora von den Streitigkeiten mit den Alemannen.

Wer waren die Alemannen? Lies den Text.

Die Alemannen waren eine germanische Bevölkerungsgruppe, die vor allem im heutigen Baden-Württemberg, im Elsass, in der Schweiz und in Liechtenstein siedelte. Es gab keinen einheitlichen alemannischen Volksstamm mit einer einzigen Führungsperson, vielmehr weiß man von mehreren Teilstämmen, die jeweils eigene Könige hatten. Es ist nicht sicher, ob sich die Alemannen selbst auch so nannten oder ob die Römer ihnen diesen Namen gaben. Sie waren die „Einheimischen", auf deren Gebiet sich die Römer niederließen und Soldatenlager, Dörfer und Landgüter errichteten.

Damit waren die Alemannen nicht immer einverstanden. Um sich vor ihren Angriffen zu schützen, bauten die Römer einen Grenzwall, den Limes. Diesen versuchten sie mit ihren Soldaten zu verteidigen und so die Alemannen davon abzuhalten, in die römische Provinz Obergermanien vorzudringen. Um die Mitte des dritten Jahrhunderts waren die Römer jedoch gezwungen, ihren Grenzwall aufzugeben und sich allmählich aus ihrer Provinz am Oberrhein im heutigen Südwestdeutschland zurückzuziehen.

Was kannst du noch über die Alemannen herausfinden? Recherchiere.

Gestalte eine Lernlandkarte. Lies die Aussagen in den Kreisen. Male grün an, was du schon wusstest, und rot, was dir neu ist.

Das französische Wort „Allemagne" für Deutschland geht auf die Alemannen zurück.

Die Alemannen verehrten germanische Götter wie Wotan und Frija.

Die Alemannen waren ausgezeichnete Handwerker und übertrafen die Römer in der Metallverarbeitung.

Im Gegensatz zu den Römern bewohnten die Alemannen Häuser aus Holz mit lehmverputzten Wänden.

Name:

lesen schreiben **malen/basteln** rätseln forschen kochen

Der Limes

Was ist der Limes? Lies den Text.

Der Begriff „Limes“ bezeichnet die römischen Grenzanlagen in Germanien. Der sogenannte Obergermanisch-Raetische Limes erstreckte sich damals zwischen Rhein und Donau über eine Länge von 550 Kilometern. Er grenzte die römischen Provinzen Obergermanien *(Germania superior)* und Rätien *(Raetia)* vom germanischen Gebiet im Norden ab.

Der Limes bestand zunächst aus Waldschneisen und Grenzwegen, später dann aus Zäunen und Wachtürmen, die durch Gräben und Wälle verstärkt wurden. Auf römischer Seite lagen Kastelle, in denen Soldaten zur Verteidigung stationiert waren.

Der Limes war keine undurchdringliche Festung. Es gab Übergänge, an denen die Römer mit den Alemannen handelten. Als die Germanen den Grenzwall im Jahr 259/260 n. Chr. bestürmten, ergriffen die römischen Truppen und viele Landbewohner die Flucht.

Markiere die Teile der Karte: blau = Flüsse, braun = Limes, rot schraffiert = Gebiet des Römischen Reichs, grün schraffiert = Gebiet der Germanen.

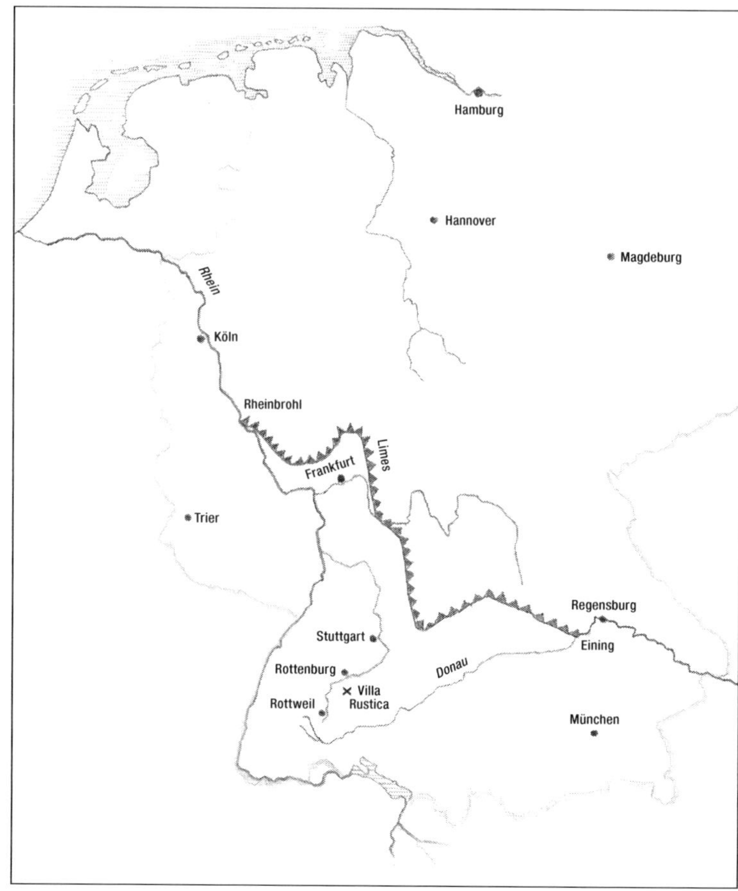

Name:

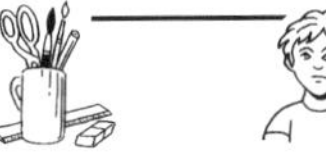

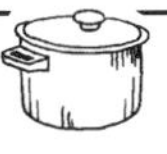

lesen schreiben malen/basteln rätseln forschen kochen

Erste Hilfe

Hannah versorgt im siebten Kapitel die blutenden Wunden des Fremden. Was passiert eigentlich, wenn wir unsere Haut verletzen?

Mach den Apfeltest: Nimm einen Apfel und ritze seine Haut mit einem Messer ein. Lege ihn vor dich und beobachte die verletzte Stelle genau. Beschreibe, was du siehst.

____

____

____

____

Ähnlich ist es bei unserer Haut: Wird sie verletzt, tritt Blut aus. Dieses verkrustet nach einiger Zeit. Unter der Kruste kann die Haut wieder zusammenwachsen.

Wie sollte man mit blutenden Wunden umgehen? Kreuze die richtigen Aussagen an.

- ☐ Man wartet einfach, bis die Blutung aufhört.
- ☐ Bevor man ein Pflaster aufklebt, sollte die Wunde möglichst sauber sein.
- ☐ Man darf Wunden nicht mit Wasser spülen oder desinfizieren.
- ☐ Ein Druckverband kann eine Blutung stoppen.
- ☐ Man sollte darauf achten, die Wundauflage eines Pflasters oder Verbands nicht mit den Fingern zu berühren.
- ☐ Es ist nicht nötig, wegen einer stark blutenden oder verschmutzten Wunde einen Arzt aufzusuchen.
- ☐ In einem Erste-Hilfe-Kurs lernt man, im Notfall Hilfe zu holen, aber nicht, wie man Verletzten selbst helfen kann.
- ☐ Im Notfall sollte man den Notruf wählen: 112.

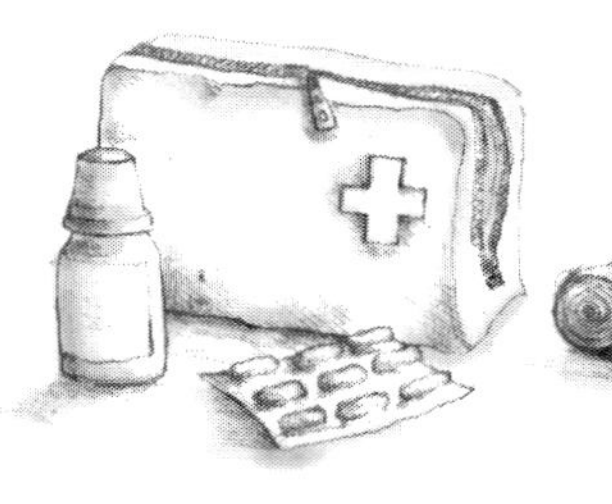

Name:

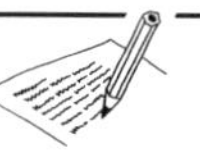

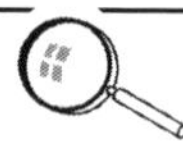

lesen schreiben **malen/basteln** rätseln forschen kochen

Mein Kräuterbuch

Im neunten Kapitel findet Hannah in den Beeten der Villa Rustica einige Kräuter, die auch im Garten ihrer Oma wachsen.

Bastle ein Kräuterbuch.

1. Schneide die Kärtchen unten aus und ordne sie jeweils der richtigen Seite zu. Klebe sie auf.
2. Schneide die Seiten aus. Ordne die Begriffe nach dem Alphabet. Hefte die Seiten am linken Rand zusammen.

Mein Kräuterbuch	• getrocknete Blätter werden als Tee verwendet • hilft bei Atemwegserkrankungen	• Blätter duften zerrieben nach Zitrone • hilft bei Schlafstörungen
• riecht aromatisch • hilft bei Halsentzündungen	• wächst im Gebirge • eine Salbe oder Tinktur hilft bei Schwellungen und Verstauchungen	• wirkt beruhigend • hilft bei Magenbeschwerden
• wird als Küchengewürz verwendet • hilft gegen Husten	• hat leuchtende lilafarbene Blüten • wirkt beruhigend	• Knolle wird als Gemüse gegessen • Babys trinken den Tee gegen Blähungen

Arnika	Thymian	Fenchel	Lavendel
Melisse	Kamille	Minze	Salbei

Das Ablenkungsmanöver

Hast du Flavus' Plan durchschaut? Beantworte die Fragen.

1. Was ist das geheime Ziel von Flavus?

2. Warum hat er Luna entführen lassen?

3. Was unternimmt Hannah, als sie davon erfährt?

4. Ciceros Vater ist skeptisch. Was sagt er? Schreibe in die Sprechblase.

Nun gut,

5. Was könnte inzwischen auf dem Gutshof passiert sein?

Name:

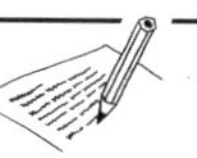

lesen schreiben malen/basteln rätseln forschen kochen

Leben als Legionär

Im zehnten Kapitel fühlt sich Hannah auf ihrem Marsch durch den Wald wie ein Legionär. Doch wie war das Leben der römischen Soldaten wirklich?

Lies den Text.

Römische Soldaten waren in Legionen zusammengefasst. Eine Legion bestand aus dreitausend bis sechstausend Männern. Die Legionäre waren dafür zuständig, das Römische Reich zu erweitern und neue Gebiete für die Römer zugänglich zu machen. Sie bauten Straßen, legten Lager an, hoben Gräben aus, schütteten Wälle auf und errichteten Zäune. Viele deutsche Städte haben sich aus ehemaligen römischen Legionslagern entwickelt, so zum Beispiel Regensburg, Augsburg und Köln.

Das Leben der Legionäre war sehr beschwerlich. Jeden Tag mussten sie kilometerlange Fußmärsche zurücklegen. Dabei trug ein einzelner Soldat bis zu vierzig Kilogramm Gepäck mit sich. Nicht nur Waffen und Rüstung, sondern auch Kleidung, Verpflegung und Geschirr hatte er immer dabei.

Dennoch war es für viele Römer sehr erstrebenswert, Legionär zu werden. Nach einer absolvierten Dienstzeit von zwanzig bis fünfundzwanzig Jahren erhielten die Soldaten ein Stück Land oder eine finanzielle Abfindung. Einige Legionäre, die in den verschiedenen Provinzen ihren Dienst erfüllt hatten, ließen sich nach ihrer Entlassung an ihrem letzten Dienstort nieder. So fand man zum Beispiel in Köln Grabsteine von ehemaligen römischen Soldaten, die später als römische Bürger dort gelebt und teilweise sogar Germaninnen geheiratet hatten.

Lies die Fragen und unterstreiche die Antworten im Text.

1. Welche Aufgaben hatte ein römischer Legionär?
2. Welche deutschen Städte entwickelten sich aus römischen Legionslagern?
3. Was machte das Leben als Legionär so hart?
4. Warum wollten trotzdem viele Römer Legionär werden?
5. Woher weiß man, dass ehemalige Legionäre auch nach ihrer Dienstzeit in den Provinzen lebten?

Die Akteure

Um die Villa Rustica ist ein Kampf entbrannt. Weißt du, wer auf welcher Seite steht?

Setze folgende Gruppen und Personen passend in das Schaubild ein.

Gutsherr | Alwin | Luna | Alemannen | Aurora

Flavus | Cicero | Fabricius | Römer

Einer der Akteure wechselt im Laufe des Romans die Seite. Kreise den Namen dieser Person rot ein und zeichne einen gestrichelten Pfeil zur anderen Seite. Erkläre deine Entscheidung.

Welche Figuren sind Halbbrüder? Zeichne eine gestrichelte Linie ein. Warum sind sie jetzt Feinde? Erkläre.

Name:

 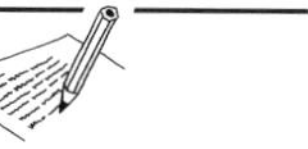   

lesen **schreiben** malen/basteln rätseln forschen kochen

Ein kostbarer Fund

Ein Bronzekessel, wie ihn Fabricius im elften Kapitel vergräbt, wurde tatsächlich in Hechingen-Stein gefunden. Er ist dort im Museum ausgestellt. Bei dem Kessel handelt es sich um einen sogenannten Hortfund.

Informiere dich über den Begriff „Hortfund".

Wenn Gegenstände aus früheren Zeiten gefunden werden, die jemand absichtlich vergraben hat, nennt man das einen Hortfund. Es gibt verschiedene Arten von Hortfunden. Als Händlerhort wird bezeichnet, wenn ein Händler einen Teil seiner Waren versteckt hat, um sie vor Dieben zu schützen. Bei einem Weihehort wurden die Opfergaben, die für einen Gott bestimmt waren, eingegraben. Wenn jemand, der auf der Flucht war, seine wertvollsten Güter unter der Erde verborgen hat, um später zurückzukommen und sie wieder hervorzuholen, nennt man dies einen Schatzhort.

Im elften Kapitel fragt Hannah Fabricius, was er mit dem Bronzekessel vorhat.

Schreibe die Antwort des Schmieds in die Sprechblase.

Um welche Art von Hortfund handelt es sich bei dem Bronzekessel aus dem Roman? Schreibe auf.

Name:

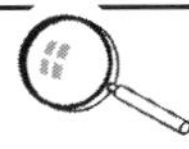

lesen **schreiben** malen / basteln rätseln forschen kochen

Das Ende der Villa Rustica

Die Villa Rustica wurde Mitte des dritten Jahrhunderts von den Römern verlassen. Ob es einen konkreten Angriff auf den Gutshof wie im Roman gab, ist nicht bekannt. Der Fund des Bronzekessels aber weist darauf hin, dass die Aufgabe des Hofs geplant ablief.

Lies den Text.

Im Laufe des dritten Jahrhunderts drangen die Alemannen immer weiter auf das Gebiet der Römer vor. Sie ließen sich südlich des Limes in der Nähe von römischen Siedlungen nieder. Das war für sie günstig, da das umliegende Land schon gerodet und für die Landwirtschaft vorbereitet worden war.

Durch die zunehmenden Übergriffe der Alemannen fühlten sich die Römer bedroht. Sie verließen ihre Höfe und Häuser. Auch die Villa Rustica in Hechingen-Stein wurde aufgegeben. Es ist nicht klar, ob es einen Kampf um den Gutshof gab. Man weiß aber, dass die Alemannen die Eingänge zum Hauptgebäude vermauerten und sich nördlich des Hofs eigene Häuser aus Holz bauten.

Mit dem Rückzug der Römer ging viel Wissen über Technik und Kultur verloren. Sie hatten eine gut funktionierende Verwaltung in ihren Provinzen. Außerdem konnten sie Wasserleitungen und mehrstöckige Häuser aus Stein bauen, die sogar über eine Fußbodenheizung verfügten. Die Alemannen waren zwar ausgezeichnete Handwerker, aber in der Baukunst waren ihre Kenntnisse beschränkt. So verfielen viele Bauten aus römischer Zeit, auch die Villa Rustica in Hechingen-Stein. Allmählich wurde sie vom Wald überwuchert.

Was passierte mit der Villa Rustica nach dem Wegzug der Römer? Schreibe auf.

Die Römer verfügten über Wissen, das die Alemannen nicht hatten. Nenne Beispiele.

Name:

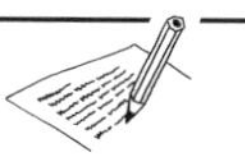

lesen **schreiben** malen/basteln rätseln forschen kochen

Meine Meinung zum Buch

Wie hat dir das Buch gefallen? Schreibe deine Antworten in die Kreise.

Das wusste ich schon über die Römer:

Das war neu für mich:

Das fand ich besonders interessant:

Das fand ich besonders spannend:

Das hat mir gar nicht gefallen:

Wem ich das Buch empfehlen würde:

Hannahs Abenteuer in Bildern

Schneide die Bildkarten aus und klebe sie in der richtigen Reihenfolge in dein Heft. Schreibe dann zu jedem Bild einen Satz.

Name:

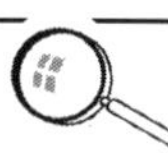
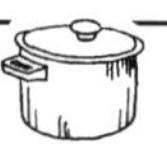

lesen schreiben malen/basteln **rätseln** forschen kochen

Römerrätsel

Jetzt bist du ein Römerexperte. Löse das Rätsel.

1. Hier wohnt Luna.
2. Der römische Gott des Krieges heißt ...
3. In diesem Raum nahmen die Römer ihre Mahlzeiten zu sich.
4. Dieses Kleidungsstück zogen die Römer im Alltag an.
5. Cicero trägt eine ... um den Hals.
6. Die Sprache der Römer ist ...
7. Die Sage nennt ihn als Gründer Roms.
8. Dieser Vulkan zerstörte Pompeji.
9. So wird ein römischer Soldat bezeichnet.
10. Der lateinische Name für einen Schmied lautet ...
11. Das hatten die Römer anstelle einer öffentlichen Toilette.
12. Einen einzelnen Gutshof nannten die Römer Villa ...
13. Er bildete die Grenze zwischen dem Römischen Reich und Germanien.
14. Ciceros Schwestern heißen Luna und ...